Das Buch

Dieses Handbuch ist die ultimative Anleitung für Ihren ersten Roadtrip! Kompakt, kompetent und zuverlässig erklären wir Ihnen in 10 Schritten alle zentralen Fakten, Funktionen und Zusammenhänge, die Sie über Wohnmobile und Vans wissen müssen! Egal, wie groß oder klein! Egal, ob Sie mieten oder kaufen! Zum Durchlesen oder zum Nachschlagen unterwegs! Ein Must-Have für Ihre Reiseplanung, Ihre Bordbibliothek oder das Handschuhfach. Los geht's!

Der Autor

Der Buchautor und Reisejournalist Thorsten Rottmann ist seit mehr als 20 Jahren in Reisemobilen unterwegs. Im Laufe der Zeit entwickelte er auf seinen Roadtrips sein Konzept von *Einfach Reisen* und hat viele Interessierte bei ihrem Start ins Wohnmobilleben beraten und begleitet. Aufgrund seiner langjährigen Erfahrung und vieler positiver Rückmeldungen entstand schließlich dieses kompakte Handbuch. Mehr Infos und einen Newsletter gibt es unter:

thorsten-rottmann.de

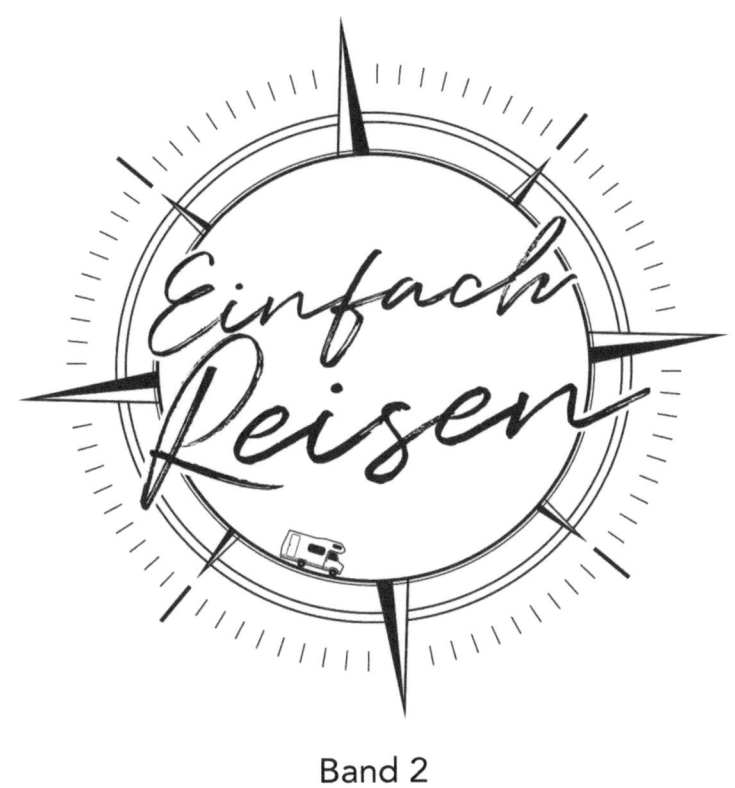

Band 2

Handbuch Wohnmobil

Thorsten D. Rottmann

Impressum

© 2022 Thorsten Rottmann

Web: thorsten-rottmann.de
Mail: kontakt@thorsten-rottmann.de

Umschlaggestaltung: Lukas Huber, Grafrath
© Alle Bildrechte beim Autor

Herstellung & Verlag: BoD – Books on Demand, Norderstedt
ISBN: 978-3-755768333

Bibliografische Information der Deutschen Nationalbibliothek: Die Deutsche Nationalbibliothek verzeichnet diese Publikation in der Deutschen Nationalbibliografie, detaillierte bibliografische Daten sind im Internet unter http://dnb.dnb.de abrufbar.

Haftungsausschluss: Dieses Buch enthält Meinungen, Ideen und Vorschläge des Autors und beabsichtigt, seinen Lesern nützliches und informatives Wissen weiterzugeben. Die enthaltenen Anleitungen und Checklisten passen möglicherweise nicht zu jedem Anwendungsfall, daher besteht keinerlei Garantie, dass diese problemlos funktionieren. Die Benutzung dieses Buches und die Umsetzung der darin enthaltenen Informationen erfolgen ausdrücklich auf eigenes Risiko. Haftungsansprüche gegenüber Verlag und Autor für Schäden materieller oder ideeller Art, die durch die Nutzung fehlerhafter und/oder unvollständiger Informationen verursacht werden, sind ausdrücklich ausgeschlossen. Das Werk einschließlich aller Inhalte gewährt keine Garantie oder Gewähr für Aktualität, Korrektheit, Vollständigkeit und Qualität der bereitgestellten Informationen. Druckfehler und Fehlinformationen können nicht vollständig ausgeschlossen werden.

Hinweis: Das Buch enthält Verknüpfungen zu Webseiten Dritter (sog. „externe Links"). Da wir auf deren Inhalt keinen Einfluss haben, kann für die fremden Inhalte keine Gewähr übernommen werden. Für die Inhalte und die Richtigkeit der Informationen ist stets der jeweilige Informationsanbieter der verlinkten Webseite verantwortlich. Zum Zeitpunkt der Verlinkung waren keine Rechtsverstöße erkennbar. Sobald uns eine Rechtsverletzung bekannt wird, werden wir den Link umgehend entfernen.

Inhalt

Aus Gründen der Nachhaltigkeit wurde dieses Buch auf umweltverträglichem Papier
ausschließlich in Schwarzweiß gedruckt.

Zum Buch ...

Ich erinnere mich wie heute an meinen Einstieg ins Wohnmobilleben. Vor vielen Jahren zog es uns in einem gemieteten Wohnmobil mit Kind und Kegel an die französische Atlantikküste, in die Bretagne, um genau zu sein (sehr empfehlenswert!). Der Tag der Abreise rückte unaufhaltsam näher und mithin die Übergabe unseres fahrbaren Domizils auf Zeit. Wie es sich gehört und wie es üblich ist, gab und gibt es vor der Aushändigung des Fahrzeuges eine ausführliche Einweisung in fast die gesamte (!) Fahrzeugtechnik, Dauer rund zwei Stunden. Der Händler und Vermieter vor Ort erklärte mir viele Handgriffe und Zusammenhänge, aber wie es so ist, nach spätestens dreißig Minuten war mein Kurzzeitgedächtnis von den ganzen Informationen völlig überfordert. Frischwasser, Grauwasser, WC-Kassette, Strom, schier unvorstellbare Informationskaskaden prasselten auf mich ein. Ich habe ab einem gewissen Zeitpunkt nur noch gelehrig genickt und gehofft, dass mir der Vermieter nicht irgendwelche Verständnisfragen stellte. Tat er nicht – zum Glück. Ich steuerte das Reisemobil nach Hause, wir bepackten es gemeinsam und am Abend rollten wir voller Vorfreude vom Hof. So weit, so gut. Alles funktionierte – erstmal. Das Fahrzeug fuhr, die beiden Batterien wurden während der Fahrt von der Lichtmaschine aufgeladen. Alles war im grünen Bereich, wie man so sagt. Als erste Station hatten wir uns einen kleinen Campingplatz ausgesucht, um ein wenig anzukommen und uns von der Transitpassage auszuruhen. Dann die Überraschung, Teil 1: Um das Wohnmobil überhaupt mit dem Landstrom auf dem Platz zu verbinden, benötigten wir (versteht sich von selbst!) zwei sogenannte CEE-Adapter (→ Schritt 3). Hatten wir nicht, hatte uns auch keiner gesagt. Demzufolge kauften wir welche auf dem Campingplatz, der Preis unterliegt bis heute der Schweigepflicht. Na gut! Stellplatz gefunden, Strom angeschlossen, die Anzeige der Batterieladung zeigte eine volle Ladung an. Blieb jedoch nicht so. Im Laufe der ersten beiden Tage sank der Ladezustand immer weiter in den Keller. Warum? Keine Ahnung, letzten Endes hatten wir doch 230-Volt-Strom vom Platz, der die Batterie auf Spannung hält. Es kam, wie es kommen musste, es wurde kritisch. Überraschung, Teil 2. Ich beschloss, den Vermieter in Deutschland anzurufen, um das Problem zu lösen. Gesagt, getan. Er überlegte kurz und fragte mich schließlich, ob ich die Sicherung eingeschaltet hätte. Welche Sicherung, bitteschön? Na, die Hauptsicherung an der Innenwand des Reisemobils, direkt gegenüber der außenliegenden Anschlussdose für den 230-Volt-Strom. Die gehört eingeschaltet. Neeee ... echt jetzt? Samma, wer weiß denn sowas? Logischerweise war das Problem damit gelöst und die Batterie erledigte für den Rest unseres Roadtrips klaglos ihren Dienst. Fazit: Trotz der langen Einweisung vor der Abfahrt hatten wir stattliche Probleme, die sich für uns schlicht und einfach nicht haben antizipieren lassen. Ich schiebe jetzt aber nicht dem Vermieter die Schuld in die Schuhe, auf keinen Fall. Im Endeffekt habe ich mich selbst ja ebenfalls zu wenig auf unseren ersten Roadtrip vorbereitet. Getreu dem Motto: wird schon alles gutgehen. Die beiden CEE-Adapter waren für den Händler augenscheinlich so selbstverständlich, dass er bei der Übergabe kein Wort darüber verloren hat, und so eine Geschichte mit der Hauptsicherung passiert immer mal, so what.

Diese Einstiegserfahrung war die Initialzündung, nicht minder im Hinblick auf folgende Wohnmobiltouren, mich etwas genauer mit der Funktionsweise von Reisemobilen zu beschäftigen. Ich war damals im ersten Moment vom mobilen Leben angefixt, und so ist es bis heute. Ich fragte mich, wie funktioniert so ein Fahrzeug überhaupt? Wie funktioniert die wichtigste Technik in einem Van oder einem Wohnmobil? Wie klappt das mit dem Strom, den Batterien, wie entleere in den Abwassertank, wie und wo zapfe ich frisches Wasser, wohin und wie genau werde ich den Inhalt der WC-Kassette los ...? Was ist beim Reisen mit einem Wohnmobil sonst noch alles zu beachten? Schließlich gibt es unterwegs immer wieder mal das ein oder andere Problem und ich bin höchstpersönlich selbst an der Reihe, mir zu helfen, mir etwas einfallen zu lassen, zu improvisieren ... Gehört zu einem Roadtrip schlicht und einfach dazu!

Das Anliegen dieses Handbuchs besteht darin, dass Sie Ihr Wohnmobil so weit verstehen, um unbeschwerte Touren damit zu unternehmen. Die insgesamt zehn Schritte dieser Einführung drehen sich dabei nicht um irgendwelche Reparaturanleitungen, genauso wenig wie ich ein „Schrauber" bin. In diesem Ratgeber erhalten die Basics den ihnen zustehenden Raum. Diese Grundlagen setzen dabei oftmals bewusst eine Etage tiefer an und erscheinen an einigen

Stellen mitunter „selbstverständlich" oder kleinschrittig. Wie dem auch sei, viele technische Funktionsmerkmale und Zusammenhänge werden von Händlern, Vermietern und selbst in einschlägigen Büchern zum Thema häufig als gegeben und bekannt vorausgesetzt. Sind sie aber oft gar nicht! So wie es mir vor und auf meiner ersten Tour ergangen ist. Passiert – braucht es aber nicht.

Die Ausgangssituation dieses Handbuchs ist mein eigenes Wohnmobil, ein teilintegrierter Bürstner aus dem Jahr 2008 (→ Schritt 1). Die Bilder und die Erläuterungen in diesem Buch beziehen sich auf genau dieses Fahrzeug. Okay, einige technische Ausstattungsmerkmale sind dabei jetzt nicht mehr unbedingt auf der absoluten Höhe der Zeit, aber das ist nicht weiter tragisch. Die wesentlichen Funktionsweisen haben sich über die letzten Jahrzehnte kaum verändert, denn sie haben sich in der Praxis bewährt. Letztlich ist es zweitrangig, wie genau das Kontrollpanel aussieht und welche Zusatzfunktionen sich damit noch steuern lassen.

Zum Schluss eine Bitte: Wenn Sie dieser Ratgeber auf dem Weg zu oder auf Ihrer Wohnmobiltour begleitet, würde ich mich sehr über eine positive Bewertung bei Amazon freuen, damit auch andere dieses Buch schneller finden.

Viel Spaß bei der Lektüre und vor allem unzählige eindrucksvolle Erlebnisse auf Ihren Roadtrips wünscht Ihnen

Thorsten Rottmann

1 Wohnmobiltypen | Grundrisse

Geht nicht, gibt's nicht ...

Ein Reisemobil ist eine emotionale Anschaffung. Unsere Vorstellungen von Freiheit und Unabhängigkeit haben in unserem Leben einen immens hohen Stellenwert, weshalb viele Anbieter von Wohnmobilen auf ihren Webseiten, in ihren Werbeprospekten und sonst wo eben genau diese gefühlsbetonte Seite Ihrer Kaufentscheidung ansprechen. Letzten Endes werden Sie für den Kauf eines Reisemobils – egal ob neu oder gebraucht – beachtliches Kapital in die Hand nehmen. Daher lohnt es sich, an dieser Stelle den Blickwinkel und die daraus resultierenden Entscheidungen ein Stück weit zu rationalisieren. Denn letztlich handelt es nicht nur um „Geld", sondern um Ihr (!) Geld.

Ein Wohnmobil muss sich nicht nur für die Art von Reisen eignen, die Sie sich vornehmen. Vielmehr muss es zu Ihnen, Ihren mitreisenden Begleitern und gleichermaßen zu Ihrer Lebensphase passen. Frisch verliebt mit dem ersten Partner ist eine kleine Matratze kein Problem, eher im Gegenteil. Wenn aber die ständig gebückte Körperhaltung nicht nur nervt, sondern gleichfalls den Rücken malträtiert, sich dann unter Umständen Nachwuchs einstellt, fühlen Sie sich womöglich in einem größeren Wohnmobil mit permanenter Stehhöhe wohler. Unternehmen Sie lange Touren durch Wüste und Wildnis, werden Allrad und Autarkie eine bedeutendere Rolle spielen, und eines schönen Tages ist es dann unter Umständen der luxuriöse Wohnzimmerkomfort, den Sie sich unterwegs wünschen. All diese Facetten hält das Touren mit Campern für Sie bereit – die Bandbreite an Wohnmobiltypen und Grundrissen ist riesig. An dieser Stelle darum erstmal ein kurzer Überblick, ohne Anspruch auf Vollständigkeit. Treffen Sie Ihre Wahl!

Kastenwagen

Die etwas größere Variante eines Camping-busses, sei es ein „Bully" oder das Modell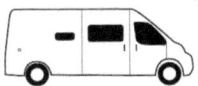

eines anderen Herstellers. Ein Kastenwagen ist gleichwohl in vielerlei Hinsicht geräumiger ausgestattet, wenn man das so sagen kann. Die Vorzüge dieses Wohnmobiltyps: Sie sind kompakt und fast problemlos im Alltag nutzbar. Sie sind bereits ab einer Länge von fünf Metern zu haben. Die meisten Modelle haben ungeachtet dessen eine Abmessung von sechs Metern. Es gibt anspruchslose Kastenwagen mit spartanischer Ausstattung, aber auch Luxusmobile, die keine Wünsche offenlassen. Optisch sind sie ein Hingucker, schick und flott eben. Genau wie ein Bully.

Alkovenmobile

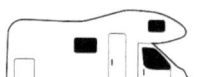

Mehr Platz als in einem Kastenwagen, aber vor allem verfügen diese Fahrzeuge über mehr Schlafplätze als andere Reisemobile, was eben dem so genannten Alkoven oberhalb des Fahrerhauses geschuldet ist. Ursprünglich kommt der Begriff „Alkoven" aus dem Arabischen. Al-Gubba heißt „Kuppel". Um 1700 herum entwickelte sich daraus der französische Begriff Alcôve, der eine Bettnische bezeichnete. Hatte in den neunziger Jahren fast jedes zweite Reisemobil einen Alkoven, so hat diese Bauform heute etwa zehn Prozent Marktanteil bei Neufahrzeugen. Im „Alkoven" ist in aller Regel ein geräumiges Doppelbett untergebracht. Klasse, wenn man mit vielen Leuten auf Tour ist oder nicht nur die Freiheit, sondern zugleich die gesamte Familie im Gepäck hat.

Teilintegrierte

Hinter dem serienmäßigen Fahrerhaus erstreckt sich der Wohnaufbau. Den Übergang bietet ein kleiner Alkoven, der ohne (!) Doppelbett, dafür aber flach und spritsparend auf das Fahrerhaus aufgesetzt ist. Dieser niedrige Alkoven ist von außen das zentrale Erkennungsmerkmal, vor allem im Unterschied zu einem Alkovenmobil. In der Grafik ist das leicht zu erkennen. Durch Drehen der Fahrzeugsitze gegen die Fahrtrichtung in den Wohnraum hinein werden diese dann mit einem dahinter angeordneten Tisch mit Sitzbank zu einer Sitzgruppe kombiniert. Das Fahrerhaus wird beim Stehen in den Wohnbereich „teilweise integriert". Daher der Name.

Vollintegrierte

Bezeichnung für Reisemobile mit komplett eigener Karosserie des Herstellers. „Vollintegrierte" werden auf Fahrgestellen ohne Fahrerhaus aufgebaut, Fahrzeug und Aufbau sind „voll integriert". Drehbare Fahrersitze eingeschlossen. Daher rührt die Typbezeichnung. Hersteller setzen auf die Karosserie eine eigene Frontmaske sowie den Wohnaufbau. So bieten „Vollintegrierte" mit dem Fahrerbereich einen Wohnraum „aus einem Guss". Der Vorteil liegt im maximalen Wohnwert und es ist von außen nicht zu erkennen, wo das Fahrzeug endet und wo der Wohnbereich ansetzt. Gehört alles zusammen.

Mein Praxistipp

Bevor Sie sich ein Wohnmobil kaufen, sollten Sie unbedingt vorher Wohnmobile mieten. Mehrmals! Am besten unterschiedliche Typen mit verschiedenen Grundrissen. Lernen Sie Ihren zukünftigen Begleiter bereits vorab ein wenig kennen! So klopfen Sie schon im Vorfeld ab, was sich für Ihre Zwecke am besten eignet. Wie häufig zieht es Sie mit Ihrem Wohnmobil auf Tour? Zu welcher Jahreszeit planen Sie zu reisen? Welche Rolle spielt die Autarkie auf Ihren Roadtrips? Mit solchen Fragen entlarven Sie zudem schnell die kleinen Nachteile einzelner Modelle, die in den hochglänzenden Verkaufsprojekten häufig nicht erwähnt werden. Letztlich handelt es um eine Menge Geld, das Sie auf den Tisch blättern. Legen Sie auf Ihren ersten Touren eine Checkliste an, auf der Sie stichpunktartig Ihre Gedanken zu Ausstattungsdetails, Grundrissen und ähnlichen Punkten notieren. Wenn dann ein möglicher Kauf ansteht, sind Sie in der Lage, schnell auf Ihre Notizen zurückzugreifen und haben so Ihre Ideen wieder auf dem Schirm. Bevor Sie sich nachträglich über einen vermeintlichen Fehlkauf ärgern!

2 Stauraum | Zuladung | Gewicht

Weniger ist mehr ...

Kennen Sie das? Egal wo und wie wir leben, die vorhandene Staufläche, sei es im Keller, auf dem Dachboden oder sonst wo, wird häufig bis ans Limit ausgereizt. In einem Wohnmobil ist das nicht anders. Gleichwohl ist der Stauraum begrenzter. Hier gilt es, genau zu überlegen, was man de facto braucht. Eine minimalistischere Herangehensweise bringt dabei durchaus Vorteile mit sich (→ Schritt 7). So ist es gleichfalls bei meinem Bürstner. Er bietet zwar einen verhältnismäßig üppigen Lebensraum, die Staufächer sind im Kontrast dazu für ein Fahrzeug seiner Größe hingegen eher winzig. Dadurch bin ich permanent in der Situation, immer genau zu schauen und zu planen. Schadet nicht.

Ein klassischer Fehler – insbesondere bei Einsteigern – ist, den vorhandenen Stauraum bis zum letzten auszureizen. In der Praxis bedeutet das, dass Sie nicht nur viel, sondern viel zu viel Gepäck an Bord haben, sei es Bekleidung, Küchengerätschaften oder Werkzeug etc. (→ Schritt 7). Je mehr Stauraum Sie zur Verfügung haben, desto mehr Equipment packen Sie ein, desto schwerer wird Ihr Camper. Weniger ist mehr ... Denken Sie diesbezüglich auch unbedingt daran, dass der gefüllte Frischwasser- bzw. Dieseltank ordentlich Gewicht auf die Waage bringt. Gleiches gilt für die WC-Kassette, die im „beladenen" Zustand gerne einmal mit 20 kg zu Buche schlägt. Besser rechtzeitig entsorgen (→ Schritt 6)!

Ebenso wichtig wie eine reduziertere Beanspruchung des vorhandenen Stauraums ist die richtige Beladung. Es ist natürlich supertoll, dass man sein Reisegepäck nicht mehr in einen Koffer zu quetschen hat, wenn man sich auf den Weg macht. Alle Sachen werden in Kisten und Taschen gepackt und ab damit ins Wohnmobil. Entweder sie verbleiben dort oder werden in den Schapps verstaut. Aber: Es ist nicht nur unpraktisch, die schwere Werkzeugkiste mitsamt den Schneeketten auf den Campingstühlen zu lagern, eine solche Gewichtsverteilung hat konsequenterweise Auswirkungen auf die Fahreigenschaften Ihres Campers (→ Schritt 8).

In puncto Gewichtsverteilung und Fahreigenschaften sollten Sie aber gleichwohl Ihren Heckträger auf dem Schirm haben, soweit vorhanden. Wenn Sie als Familie mit zwei jugendlichen Kindern unterwegs sind, und Sie Ihre gesammelten Fahrräder mitnehmen, hängen hinten am Fahrzeug schnell 80 – 100 kg Gewicht. Die Räder auf den Heckträger zu laden, ist ohne jeden Zweifel ausgesprochen praktisch. Zu bedenken ist aber, dass die meisten Camper frontangetrieben sind. So weit so gut. Wenn Sie sich jetzt Ihr Wohnmobil wie eine Wippe auf dem Spielplatz vorstellen, ist es völlig logisch, dass die Vorderachse des Fahrzeugs entlastet wird, je mehr Last das Heck Ihres fahrenden Weggefährten trägt. Dieses Ungleichgewicht führt jedoch aufgrund der entstehenden Hebelwirkung dazu, dass die Räder der angetriebenen Vorderachse an Bodenhaftung verlieren und gleichzeitig die Lenkung beeinflusst wird. Die Folge liegt auf der Hand: schlechtere Fahreigenschaften (→ Schritt 8). Sei es, wie es sei, verständlicherweise werden Sie Ihren Kindern jetzt natürlich nicht die Mitnahme ihrer heißgeliebten Fahrräder verweigern ... tragen Sie dem Heckträger einfach gedanklich Rechnung, wenn Sie zu Beginn Ihrer Tour vom Hof rollen ...

So weit ein paar allgemeine Hinweise zu Stauraum und Zuladung. War bis jetzt ja eher graue Theorie und ich hoffe, dass meine Tipps nicht zu abstrakt rübergekommen sind. Diese Überlegungen und Informationen haben aber einen durchaus realen und für die Wohnmobilpraxis zentralen Hintergrund. Ich denke, dass bis hierhin klar geworden sein dürfte, dass sich jedes zusätzliche Ausstattungsdetail, sei es mobil oder fest verbaut, ganz erheblich auf die fahrbare Masse Ihres Wohnmobils auswirkt. Ich habe Ihnen an dieser Stelle einmal beispielhaft ein paar Ausstattungsgewichte aufgelistet. Die Gewichtsangaben dieses völlig gängigen Equipments sind logischerweise nur überschlagen und ohne Anspruch auf Vollständigkeit. Sie merken, das Gewicht eines Campers addiert sich immens schnell nach oben!

Faktencheck „Gewichte"

Frischwasser	90 – 120 kg
Grauwasser	60 – 90 kg
WC-Kassette	20 – 25 kg
volle Gasflasche (11 kg)	21 kg
Markise	45 kg
Solaranlage	20 kg
Fahrrad	15 – 20 kg
Handtücher / Bettwäsche	10 kg
Bekleidung (pro Person)	12 kg
Geschirr / Besteck	10 kg
Gläser	5 kg
Töpfe / Pfannen	10 kg
Grill mit Zubehör	8 kg
Campingtisch	6 kg
Campingstuhl	4 kg
Auffahrkeile	3 kg
Anhängerkupplung	20 kg

Wenn ich im vorangegangenen Kapitel von verschwiegenen „kleinen Nachteilen" in Verkaufsprospekten geschrieben habe, kommt hier jetzt ein Paradebeispiel. Um es klar auf den Punkt zu bringen, Reisemobile sind in vielerlei Hinsicht schlichtweg fantastisch, aber bei der Problematik des Wohnmobilgewichts arbeiten Hersteller oftmals mit „Taschenspielertricks"! Geht im Grunde gar nicht, dafür ist diese Frage für die Fahrsicherheit schlicht zu wichtig. Zunächst einmal: Für einen Hersteller ist es technisch kein Problem, ein Wohnmobil von 3,5 t auf, sagen wir, 3,8 t aufzulasten, um die Zuladungskapazität zu erhöhen. Das „magische" Limit für das Gesamtgewicht der am häufigsten verkauften Camper sind aber 3,5 t!! Jedes Kilogramm, das über diese Gewichtsgrenze hinausgeht, hat erhebliche Auswirkungen für einen Hersteller. Warum? Wird die Grenze von 3,5 t überschritten, benötigen Sie eine andere Führerscheinklasse, sofern Sie Ihre Fahrerlaubnis nach 1999 erworben haben. Klartext: Der Hersteller verliert schon im Vorfeld potentielle, mitunter zahlungskräftige Kunden. Die Mautgebühren in Europa werden bei 3,8 t Fahrzeuggewicht in gleicher

Weise anders berechnet und damit teurer. In Österreich reicht beispielsweise bis 3,5 t Gesamtgewicht eine Autobahnvignette, darüber hinaus benötigen Sie eine Mautbox im Fahrerhaus, die, wie in einem LKW, die gefahrenen Kilometern abrechnet. Klartext: Auch hier bleiben womöglich Kunden auf der Strecke. Mitunter verändern sich gleichfalls Verkehrsregeln für Fahrzeuge mit mehr als 3,5 t Gewicht, so zum Beispiel im Hinblick auf Tempolimits, Durchfahrtsbeschränkungen oder ähnliche Restriktionen. Hier offenbart sich ein Dilemma der Hersteller, das gerne außen vor bleibt. Einerseits wird die Ausstattung von Wohnmobilen ständig umfangreicher und üppiger. Andererseits bringt aber eben diese Ausrüstung kontinuierlich mehr Gewicht auf die Waage. Genau diese Tatsache sorgt dafür, dass Ihre (!) Zuladungskapazität in Ihrem (!) Camper immer geringer wird. Das führt teilweise so weit, dass „negative Beladung" entsteht. Was für ein Begriff! Bedeutet in der Realität, dass Sie in einem solchen Fall ständig mit einem überladenen Wohnmobil unterwegs sind. Sie können nichts mehr zuladen, weil schon das „unbeladene" Fahrzeug schwerer als erlaubt ist. Absurd!

Wie werden denn nun konkret das Gewicht und die Zuladung eines Wohnmobils berechnet? Früher war es relativ simpel. Man nahm das Leergewicht, zog es vom zulässigen Höchstgewicht ab und schon hatte man die mögliche Zuladung. Heute wird im Teil 1 der Zulassungsbescheinigung das „Gewicht in fahrbereitem Zustand" ausgewiesen. Das sind im wesentlichen: Leergewicht plus Fahrer (75 kg), 90% gefüllter Dieseltank, 100% Frischwassertank, Gasflaschen, Kabeltrommel und Anschlusskabel. Dazu addiert man das individuelle Gewicht der Sonderausstattung (s.o.). Damit ist es aber nicht getan. Hinzu kommen, versteht sich von selbst, das Gewicht Ihrer Mitfahrer, der Küchenutensilien etc.. Was dann übrig bleibt, ist Ihre persönliche Zuladekapazität für Kleidung, Lebensmittel, Fahrräder und, und, und ... manchmal ist das ganz schön wenig, vor allem aber ist es vor Fahrtantritt schwierig zu checken. Wenn Sie sich nicht sicher sind, wieviel Zuladung Sie faktisch zur Verfügung haben, fahren Sie vor und im Zweifel nach der Beladung mit Ihrem Fahrzeug auf eine Waage, z.B. bei einem Landhandel, einer Mülldeponie oder zum ADAC. Sie umgehen damit unter Umständen Probleme in den Transitländern Richtung Mittelmeer, namentlich Österreich und die Schweiz. Hier finden insbesondere in den Sommermonaten an den Wochenenden häufig Gewichtskontrollen von Wohnmobilen statt. Das kann nicht nur teuer werden, sondern gegebenenfalls bis hin zur Stilllegung Ihres Fahrzeugs führen. Braucht man nicht!

Mein Praxistipp

Ich hinterfrage mich immer wieder, an welcher Stelle ich Gewicht einsparen kann. Falls Sie mieten, haben Sie im Grunde nur die Möglichkeit, weniger einzupacken. Sie können sich ja nicht für eine Mietdauer von zwei oder drei Wochen eine komplette Wohnmobilausrüstung zulegen! Anders sieht es aus, wenn Sie einen eigenen Camper besitzen. Aus meiner Erfahrung haben sich folgende Anpassungen der Ausrüstung bewährt:

- Ich habe Glas und Porzellan weitestgehend durch Melamin und Kunststoff ersetzt. Wenn Sie dabei auf Qualität achten, merken Sie keinen Unterschied!

- Wir benutzen einen kompakten Universalgrill mit Gasbetrieb, auf dem man mit dem entsprechenden Zubehör gleichermaßen kochen und sogar Pizza und Brot backen kann. Weiterer Vorteil: Alles findet draußen statt!

- Leichtes Campingmobiliar ist zwar teurer, aber es spart einige Kilogramm Zuladung, ohne unbequem zu werden.

- Wenn möglich und sinnvoll, ist der Frischwassertank nur mit der für die Fahrt notwendigen Menge gefüllt. Aufgefüllt wird vor Ort. Das spart nicht nur Gewicht, sondern auch Diesel!

- Falls Ihre Anfahrt überschaubar und planbar ist, füllen Sie den Dieseltank ebenfalls nicht bis zum Anschlag. 1 Liter Diesel entspricht ca. einem Kilogramm Gewicht.

- 11-kg-Gasflaschen aus Aluminium sparen über den Daumen 7-8 kg Gewicht pro Flasche (→ Schritt 5).

- Zusätzliche Luftfedern an der Hinterachse bringen nicht nur Fahrkomfort, sondern schonen gleichfalls die Karosserie und die Stoßdämpfer. Damit erhöht sich aber auch die Fahrsicherheit deutlich. Wohnmobile sind auf Chassis' von Transportern aufgesetzt. Während Lieferwagen regelmäßig be- und entladen werden, fahren Reisemobile faktisch ständig auf Dauerlast. Eine Entlastung ist da durchaus sinnvoll!

3 Stromversorgung | Batterien

Die Schaltzentrale Ihres Wohnmobils ...

Der Themenbereich „Technik im Wohnmobil" ist ein weites Feld. Relevantes Wissen, Fragen und Meinungen dazu füllen unzählige Internetforen und Blogs, so dass man schnell den Überblick verliert. Ich möchte Ihnen an dieser Stelle daher Schritt für Schritt einige Grundkenntnisse auf diesem Gebiet weitergeben. Letzten Endes ist es mehr als vorteilhaft zu wissen, in welchen Situationen die Wohnmobiltechnik relevant ist, damit Sie in Ihrem Camper für viele Lebenslagen gerüstet sind. Wie funktioniert das mit dem fließenden Wasser in der Pantry? Woher kommt der Strom für mein Smartphone? Wie bekomme ich die Heizung ans Laufen, wenn mir kalt wird? Wie haut das mit der Toilette hin? Diese und weitere Fragen werden Sie bald aus dem Handgelenk heraus selbst beantworten, um sich unterwegs auf das Wesentliche zu konzentrieren: Ihre Reise und Ihre Erlebnisse!

Im Grundsatz besteht die Stromversorgung in einem Camper aus drei Säulen:

1. Starterbatterie

Die sogenannte Starterbatterie (12 Volt) funktioniert genau wie bei einem normalen PKW. In einem Wohnmobil sitzt sie oftmals im Motorraum, aber nicht immer. Die Aufgabe dieser Batterie ist es einzig und allein, Ihr Fahrzeug zu starten. Mehr nicht! Aus diesem Grund ist sie so gebaut, dass sie für eine kurze Zeit ordentlich Strom liefert, um den Motor in Gang zu setzen. Geladen wird sie während der Fahrt über die Lichtmaschine des Motors. Das war's.

2. Bordbatterie

Etwas anders verhält sich die Sache bei der sogenannten Bordbatterie oder Aufbaubatterie, die ebenfalls mit 12 V betrieben wird. Diese Batterie ist die entscheidende Schaltzentrale Ihres Wohnmobils, ohne die im Grunde nichts funktioniert; in vielen Fällen nicht einmal der Gasbetrieb, da z.B. ein gasbetriebener Absorberkühlschrank (→ Schritt 7) eine 12-V-Zündüberwachung hat. Kein Batteriestrom, kein gasbetriebener Kühlschrank. Dieser Stromspeicher ist anders gebaut als eine Starterbatterie, da er den Strom gleichmäßig über einen längeren Zeitraum zu liefern hat. Hauptsächlich werden in Reisemobilen Gel- und AGM-Batterien verbaut, da sie rüttelfest und wartungsfrei sind. Seit einiger Zeit sind Lithiumbatterien auf dem Markt, die sich im Gegensatz zu den anderen Batterietypen fast komplett entladen lassen, und das bei einer ausgesprochen langen Lebensdauer und vor allem wenig Gewicht (→ Schritt 2). Man spart gerne einmal 15–18 kg. Ein derartiger Komfort hat aber seinen Preis! Während der Fahrt wird auch die Bordbatterie über die Lichtmaschine des Motors aufgeladen. Gleichfalls alle anderen Stromspender auf 12-V-Basis, wie z.B. eine Solaranlage, eine Brennstoffzelle oder Ähnliches, versorgen immer nur die Bordbatterie mit Nachschub und können nie direkt angezapft werden.

3. Landstrom

Schließlich und endlich verfügt ein Wohnmobil über eine Installation für „Landstrom", die auf 230 Volt Spannung basiert. An der Innenseite im Wohnraum Ihres Campers, praktisch direkt gegenüber der Außendose, befindet sich die Hauptsicherung, die eingeschaltet sein sollte. Ist der Landstrom angeschlossen, übernimmt zunächst ein fest eingebautes Ladegerät die Aufladung der Bordbatterie. Kein Problem. Gleichfalls können Sie über Schukosteckdosen, die in beinahe jedem Wohnmobil verbaut sind, direkt auf den Landstrom zugreifen, fast wie zu Hause. Warum nur fast, werden Sie sich fragen? Weil eine solche Installation technische Grenzen hat und nicht beliebig angezapft werden kann. Konkret: Ist die Anschlussdose auf dem Stellplatz mit 16 Ampere abgesichert, wie es in Deutschland üblich ist, multiplizieren Sie die 230 Volt mit den 16 Ampere. Daraus ergibt sich die Leistungsgrenze Ihres Anschlusses. In diesem Fall sind es knapp 3.700 Watt. In südlichen Ländern sind die Dosen auf dem Platz aber häufig nur mit 6 oder 10 Ampere abgeschirmt, was die Belastungsgrenze deutlich reduziert. Fragen Sie besser nach, wenn Sie sich unsicher sind! Bedenken sollten Sie ebenfalls, dass viele Elektrogeräte einen erhöhten

Anlaufstrom benötigen. Hier ein kleiner Überblick, der Ihnen verdeutlicht, dass Landstrom in einem Camper nicht so ausgiebig zur Verfügung steht, wie dies zu Hause der Fall ist.

Faktencheck „Stromverbrauch"

Kühlschrank	200 W
Ladegerät Bordbatterie	300 W
Warmwasserboiler	750 W
Wasserkocher	1.500 W
Föhn	2.000 W
Heizlüfter	2.000 W
Kaffeemaschine	2.000 W

Für den Anschluss Ihres Campers an die 230-Volt-Außendose des Stellplatzes benötigen Sie in aller Regel zwei (blaue) CEE – Adapter. Den ersten Zwischenstecker stecken Sie in die Außenanschlussdose Ihres Wohnmobils (Abb. 1a und 1b), der andere ist für den Außenanschluss des Platzes vorgesehen (Abb. 2).

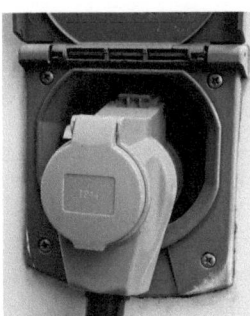

Abb. 1a   Abb. 1b   Abb. 2

Haben Sie die beiden Adapter angeschlossen, können Sie dazwischen jedes für den Außenbereich vorgesehene Stromkabel anschließen. Zweckmäßig ist eine Kabeltrommel, die im Idealfall nicht zu kurz dimensioniert ist (40 – 50 Meter), da der Weg zur nächsten Außendose mitunter ziemlich weit sein kann.

Mit dieser Grundausstattung, die in praktisch jedem Wohnmobil vorhanden ist, werden alle wichtigen Geräte betrieben. Kontrollieren können Sie die Stromversorgung Ihres Campers über ein Schaltpanel (Abb. 3), das jedoch nicht nur den Strom überwacht (→ Schritt 4)!

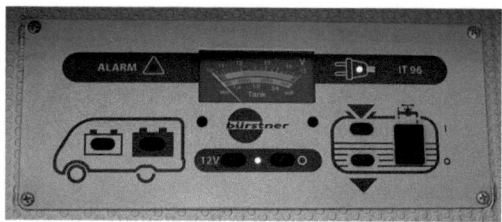

Abb. 3

Die Leuchtdiode oben rechts zeigt an, ob der Landstrom angeschlossen ist. In der Mitte unten schalten Sie das 12-V-Bordnetz ein. Beim Drücken der beiden Knöpfe der Batteriesymbole (links unten) wird Ihnen schließlich auf dem Display der Ladezustand der beiden Batterien angezeigt (Mitte oben).

Mein Praxistipp

In älteren Campern sind oftmals noch Halogenlampen eingebaut, die im Vergleich zu LED-Leuchten wahre Stromfresser sind. Ein Austausch lohnt sich!

Da ich häufig in meinem Wohnmobil arbeite, benötige ich verhältnismäßig viel Strom für Kameras und Laptop. Vor allem, wenn ich frei stehe (→ Schritt 9). Eine ausreichend dimensionierte Powerbank greift mir dabei zur Überbrückung unter die Arme.

Zur Überbrückung der Stromversorgung dient mir ebenso ein Wechselrichter. Das ist ein kleines, an der Batterie angeschlossenes Gerät, das im begrenzten Umfang 12-Volt-Strom in 230 Volt umwandelt.

4 Frischwasser | Grauwasser | Toilette

Wasser ist Leben ...

Für unbeschwertes Reisen im Wohnmobil ist Wasser eine entscheidende Komponente. Hände waschen, Kochen, Spülen und viele andere simple Dinge werden urplötzlich kompliziert, wenn kein Wasser vorhanden ist oder es nicht mehr aus dem Hahn läuft. Wie es auch zu Hause der Fall ist, gehören im Camper ein funktionierender Warmwasserboiler (→ Schritt 5) und Wasserhähne gleichfalls zu einem intakten Wasserkreislauf. Der große Unterschied zum Leitungswasser zu Hause besteht jedoch in der Versorgung, da sich das Wohnmobil nicht ohne weiteres an das öffentliche Trinkwassernetz oder das Abwassersystem anschließen lässt. In Reisemobilen gibt es deshalb Tanks für das Frisch- und Abwasser, auch „Grauwasser" genannt. Der Frischwassertank ist im Fahrzeuginneren eingebaut, zumeist unter einer Sitzbank oder dem Bett. Der Grauwassertank hingegen sitzt außerhalb am Fahrzeugboden, an der tiefsten Stelle des Wohnmobils.

Frischwasser

Mithilfe einer Öffnung an der Seitenwand Ihres Campers füllen Sie problemlos über Schlauch, Gießkanne oder Kanister Trinkwasser in den Frischwassertank (Abb. 4) (→ Schritt 6). Die Größe dieses Tanks variiert je nach Wohnmobiltyp, meiner fasst beispielsweise 120 Liter. Diese Menge reicht einer kleinen Familie für geschätzt drei Tage. Üblich ist es, das eingefüllte Wasser vor Wiederverkeimung zu schützen. Im Handel gibt es diverse Erzeugnisse, die das zuverlässig erledigen. Ich selbst verwende ein Produkt auf Silberbasis. Öffnet man einen Wasserhahn, drückt eine Tauchpumpe (12 V!), die unten im Frischwassertank sitzt,

Abb. 4

das Wasser durch die Leitungen zum Hahn. Das Abwasser läuft von selbst durch die Schwerkraft in den Grauwassertank. Theoretisch. In der Praxis steht der Camper dessen ungeachtet nicht immer ganz plan, so dass häufig Restwasser in Waschbecken oder Dusche stehenbleibt.

Grauwasser

Das verbrauchte Wasser sammelt sich im Abwassertank unterhalb des Fahrzeugs. Dieser Tank ist etwas kleiner als der fürs Trinkwasser, da in aller Regel

Abb. 5

Wasser für die Toilettenspülung oder das Kochen etc. benötigt wird. Dieses Wasser landet dann folgerichtig nicht im Grauwassertank. Mein Tank fasst 90 Liter. An der Seite unterhalb des Fahrzeugbodens befindet sich eine Ablassvorrichtung. Das ist im Prinzip ein groß dimensionierter Wasserhahn, den man nach unten klappt bzw. dreht und dann öffnet (Abb. 5). Los wird man sein Grauwasser an einer Entsorgungsstation (→ Schritt 6). Falls Sie Ihr gebrauchtes Wasser einmal längere Zeit nicht entsorgt haben und sich gleichzeitig intensives Abwasser mit Spülmittel oder Seife angesammelt hat, kommt es vor, dass sich im Grauwassertank leicht faulige Gerüche entwickeln. Das ist völlig normal, da das Abwassersystem Ihres Campers ja nicht über einen Geruchsverschluss wie zu Hause verfügt. Hier bietet es sich an, von Zeit zu Zeit dem Abwassertank ein handelsübliches Auffrischungsmittel zuzufügen, das solche Ausdünstungen problemlos eliminiert.

Die Füllstände sowohl des Frischwassertanks als auch des Grauwassertanks kontrollieren Sie über Ihr Panel (Abb. 3, unten rechts), indem Sie auf einen der entsprechenden Knöpfe drücken. Das Display zeigt Ihnen dann den aktuellen Pegelstand. Der Wippschalter rechts neben diesen beiden Tasten dient der Aktivierung der 12-Volt-Tauchpumpe, die Sie vor dem Betrieb des Frischwassersystems auf Bereitschaft bzw. Standby schalten müssen. Wasser zapfen Sie dann wie gewohnt über den Wasserhahn.

Toilette

Im Hinblick auf Campingtoiletten gibt es viele verschiedene Varianten und Bauweisen. Die Toilette, die man in Wohnmobilen am häufigsten findet, sind die Chemie- bzw. Kassettentoiletten.

Diese Kassette (Abb. 6) ist durch eine Stauklappe an der Außenseite des Fahrzeugs zugänglich und kann für die Ver- und Entsorgung entnommen werden (→ Schritt 6). Die Funktionsweise ist simpel: Mit Frischwasser werden die Ausscheidungen in die Plastikkassette gespült. Zugesetzte Toilettenchemie, meist in Form eines Tabs und einer Flüssigkeit, zersetzt

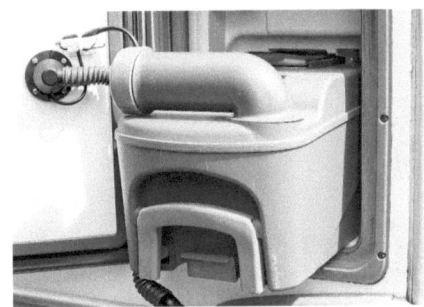

Abb. 6

dann die Fäkalien und das spezielle Toilettenpapier und überlagert im Normalfall die unangenehmen Gerüche. Der Inhalt der WC-Kassette (zwischen 10 und 20 Liter) wird auch als „Schwarzwasser" bezeichnet! Mit einer kleinen Familie ist die volle Kassette, abhängig von der Größe, nach rund anderthalb bis zwei Tagen in einen separaten Abfluss zu entleeren (→ Schritt 6).

Die Benutzung der Toilette spült sich praktisch wie zu Hause ab (das Wortspiel musste sein!), logischerweise ohne den Komfort einer Wasserspülung, dafür aber (leider) mit Chemie. Zwischen der Kassette und dem eigentlichen WC sitzt ein runder Schieber mit einem Durchmesser von zirka 10 cm. Vor der Benutzung ist es ratsam, diesen Schieber durch Betätigung des

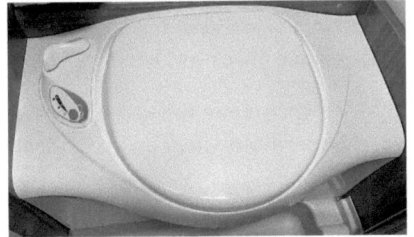

Abb. 7

Hebels an der Seite des WC-Sitzes seitlich zu öffnen (Abb. 7, links oben). Der

Spülknopf befindet sich links unter dem Hebel für den Schieber und aktiviert die Tauchpumpe im Frischwassertank. Manche Wohnmobiltypen verfügen über einen separaten Tank für das Spülwasser. Nach Erledigung wird der Schieber wieder verschlossen und die WC-Kassette ist wiederum dicht verriegelt. Die Kontrolle des Füllstandes der Kassette findet sich nicht auf dem Panel (Abb. 3), sondern zwischen Spülknopf und Hebel auf der linken Seite (Abb. 7).

Mein Praxistipp

Wasser ist Leben, sagt man. Deshalb empfiehlt es sich, dass Sie mit Ihrem Frischwasser immer besonders sorgsam umgehen. Wenn es einmal beim Hantieren mit Grau- oder Schwarzwasser etwas schmutziger zugeht, kein Problem! Hinsichtlich des Trinkwassers ist das definitiv ein absolutes No-Go!! So bekommen Sie sauberes Frischwasser in den Tank:

- Benutzen Sie immer einen eigenen, separaten Schlauch!

- Legen Sie sich für den Anschluss Ihres Schlauches an die Zapfstelle Adapterstücke/Anschlüsse von ½ bis zu 1 Zoll Durchmesser aus dem Gartencenter zu. Mitsamt der entsprechenden Gegenstücke!

- Benutzen Sie immer eine eigene Gießkanne!

- Ein Faltkanister leistet vorzügliche Dienste, wenn die Wasserstelle einmal etwas weiter weg ist!

- Filtersysteme reinigen das Wasser, bevor es in den Tank kommt. Sinnvoll vor allem im Süden Europas!

- Konservieren Sie Ihr Trinkwasser!

- Trocknen Sie Ihr Equipment vollständig und lagern Sie es trocken und schattig!

5 Gas | Warmwasser | Heizung

Die Basics müssen stimmen ...

Neben Strom ist Gas eine weitere wichtige Stütze der Versorgung eines Cam-

pers. Warmwasser, Heizen, Kochen, Kühlschrank – ohne eine funktionierende Gas-
versorgung wären diese Dinge in einem
Camper undenkbar! In einem separaten
Staufach mit Klappe an der Fahrzeug-
außenseite sind bei Wohnmobilen zumeist
zwei Gasflaschen untergebracht (Abb. 8),
von denen eine an das Gasnetz des Fahrzeugs angeschlossen ist. Eine Flasche ist mit
jeweils 11 kg Propangas gefüllt. In kleineren

Abb. 8

Campern kommen bisweilen Flaschen mit 5 oder 6 kg Gas zum Einsatz, je nach
verfügbarer Größe des Staufachs. Das Fach muss (!) laut Gesetzgeber über eine
separate Lüftung am Boden verfügen, damit womöglich austretendes Gas nach
unten entweichen kann (das Gas ist schwerer als Luft!).

Die Füllung der Flaschen besteht normalerweise aus flüssigem Propangas, das
am universellsten einsetzbar ist. Das preiswertere Butan wird häufig in südlichen Ländern eingefüllt. Es hat in unseren Breiten aber den Nachteil, dass es
bei Temperaturen um den Gefrierpunkt ausflockt und dann nicht mehr ver-
wendbar ist. Auf dem deutschen Markt sind rote bzw. graue Gasflaschen aus
Stahl erhältlich, wobei die roten Mietflaschen sind. In aller Regel besitzen Sie
als Wohnmobilist zwei eigene, graue Flaschen, die Sie überall in Deutschland
tauschen können (z.B. in Baumärkten oder Campingshops), so dass Sie jeweils
nur die neue Füllung zu bezahlen haben. Eine 11-kg-Propangasfüllung kostete
bislang rund 20 € (Stand: Sommer 2021). Seit die Energiepreise aber in der letzten Zeit deutlich angezogen haben, ist auch bei den Flaschenfüllungen mit
einer kräftigen Kostensteigerung zu rechnen. Eine gewisse Ausnahme stellen
die silbernen Aluflaschen dar, die gleichfalls Eigentumsflaschen sind und,

genau wie die grauen Flaschen, umgetauscht werden. Der Vorteil von Alugasflaschen ist dabei das erheblich geringere Gewicht gegenüber den geläufigeren Stahlflaschen (→ Schritt 2).

Bevor das Gas im Wohnmobil die Verbraucher erreicht, sind die separaten Gasleitungen zusätzlich mit Absperrhähnen im Innenraum versehen (Abb. 9). Zugleich besitzen einige Geräte, wie z.B. ein Absorberkühlschrank (→ Schritt 7), eine elektrische Zündüberwachung (→ Schritt 3), die die Gasleitung zur Sicherheit automatisch verschließt, sobald das Aggregat des Kühlschranks nicht zündet. Gleichermaßen springt das Gerät gar nicht erst an, falls kein Batteriestrom anliegt (→ Schritt 3). Gleichfalls verfügt der Gasherd (→ Schritt 7) über einen eigenen Sicherungsmechanismus, der verhindert, dass unverbrauchtes Gas unkontrolliert in den Wohnraum Ihres Campers entweicht. Aus Sicherheitsgründen hat der Gesetzgeber alle zwei Jahre eine sog. „Gasprüfung" vorgesehen. Sämtliche Verbraucher werden auf ihre Funktiontüchtigkeit geprüft und das Gasleitungssystem wird (ohne Gas!) einem hohen Druck ausgesetzt, dem es für mindestens zehn Minuten standzuhalten hat. Mit dieser Methode wird sichergestellt, dass das Leitungssystem dicht ist.

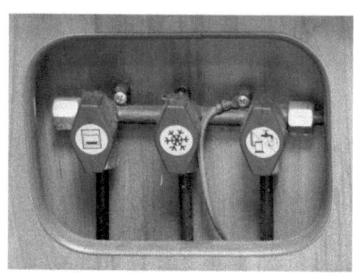

Abb. 9

Camper laufen heutzutage nicht mehr ohne Heizung vom Band. Freuen Sie sich also auf wohlige Wärme, wenn es einmal kälter wird. Bei den Systemen gibt es jedoch erhebliche Unterschiede. Die einfachste Bauart ist eine Umluftheizung. Über ein Kontrollpanel oder ein kleines Drehrad (bei etwas älteren Modellen) stellt man die gewünschte Temperatur ein. Durch einen Wärmetauscher wird Luft erhitzt und mittels eines Gebläses über ein Rohrsystem im Wohnmobil verteilt. Ein Thermostat überwacht dann die Raumtemperatur. Nachteil: Das Gebläse ist verhältnismäßig laut und es verbraucht ordentlich Strom (→ Schritt 3). Deutlich komfortabler ist da schon eine Warmwasserheizung, die ungeachtet dessen ebenfalls Strom „frisst". Anstelle von Luft wird jedoch Wasser erhitzt, das gleichfalls über Leitungen im Camper verteilt wird.

Die Wärme wird dann aber nicht eingeblasen, sondern von den Schränken oder dem Fußboden abgestrahlt, was deutlich gemütlicher ist. Der Nachteil dieser Heizungen ist, dass sie langsamer anlaufen, komplizierter zu verbauen sind, mehr Wartung erfordern und demzufolge teurer sind.

Damit nicht nur der Innenraum Ihres Campers warm wird, sondern auch das Wasser (→ Schritt 4), verfügt Ihr Fahrzeug über einen Boiler, der in aller Regel 10 Liter fasst. Diese Warmwasserboiler werden ab der Größe eines Kastenwagens (→ Schritt 1) mit der jeweiligen Heizung kombiniert. Die Steuerung vollzieht sich wiederum mittels Panel oder Drehrad. Weiterhin verfügt ein Wohnmobil gleichfalls über einen zirka 10 cm großen Kamin an der Außenseite, der allerdings

Abb. 10

nicht nach oben, sondern seitlich aus dem Camper herausführt (Abb. 10). Er saugt Verbrennungsluft von außen an, führt die Abgase ab und verbringt gleichzeitig das bei der Verbrennung des Gases entstehende Kondenswasser nach außerhalb.

Mein Praxistipp

Wenn es in der Übergangszeit einmal etwas kühler wird, leistet ein kleiner (!) Heizlüfter als Reserve gute Dienste. Funktioniert logischerweise nur bei angeschlossenem Landstrom. Beachten Sie dabei aber unbedingt, dass Sie die Elektrik Ihres Campers nicht überlasten (→ Schritt 3)!

Falls Sie häufiger im Ausland unterwegs sind, lohnt sich die Anschaffung eines Adaptersatzes für wenig Geld. Mit solchen Adaptern lassen sich ohne Probleme ausländische Gasflaschen an Ihr deutsches Gassytem anschließen.

6 Versorgung | Entsorgung

Alles muss weg ...

Alles und jedes, was Sie – auf welchem Weg auch immer – in die Tanks Ihres Campers einfüllen, muss auch wieder raus. So oder so! In Schritt 4 haben Sie bereits mitbekommen, welche Tanks es in einem Wohnmobil gibt. Dieser Schritt dreht sich jetzt darum, einerseits den entgegengesetzten Weg anzupacken (die „Entsorgung"). Andererseits werden Sie erfahren, mit welchen kleinen Handgriffen Sie frisches Trinkwasser zapfen und auch alles andere wieder auffrischen (die „Versorgung"). Diese beiden Tätigkeiten sind logischerweise eng miteinander verzahnt, und häufig werden Sie dafür die Abkürzung „V+E" lesen, so beispielsweise auf Karten oder Hinweisschildern. Abb. 11a zeigt so eine typische Ver- und Entsorgungsstation. Letztlich gibt es in der Wohnmobilpraxis aber fast unabsehbar viele Varianten, wie eine solche Station aufgebaut sein kann.

Abb. 11a

Grauwasser

Zunächst platzieren Sie Ihren Camper mittig auf der Station. Manchmal ist es nötig, ein wenig zu rangieren, damit alles passt. Das Ablaufrohr Ihres Grauwassertanks (Abb. 5) sollte sich schätzungsweise über dem Abflusskanal befinden (im Vordergrund von Abb. 11a). Wenn Sie den Ablauf nicht genau treffen, ist das nicht weiter tragisch. Die Fläche der Entsorgungsstationen ist im Regelfall mit einer kleinen Neigung in Richtung Abwasserkanal ausgestattet.

Im nächsten Schritt drehen Sie das Ablassrohr Ihres Abwassertanks nach unten und öffnen den Hahn (Abb. 5). Das Grauwasser fließt automatisch heraus und wegen des Gefälles selbsttätig in die korrekte Richtung. Es kann jetzt etwas dauern, bis der Tank leergelaufen ist. Warten Sie auf jeden Fall so lange, bis sich auch der letzte Tropfen Abwasser in den Ausguss verabschiedet hat. Wichtig: Verschließen Sie anschließend den Auslasshahn und drehen Sie das Ablaufrohr wieder nach oben, damit Sie während der Fahrt nicht aufsetzen!

WC – Kassette

Für die Entleerung der Kassetten gibt es an den meisten Stationen einen separaten Abfluss, sei es direkt an der Entsorgungsstation oder auch in einem extra Raum im Sanitärbereich eines Campingplatzes. Auf einigen Plätzen habe ich aber auch schon Automaten gesehen, die die WC-Kassette vollautomatisch entleeren und sogar reinigen. In Abb. 11b sehen Sie zur Ergänzung einen Ablaufkanal, in den Sie sowohl Schwarz- als auch Grauwasser entsorgen. Wie gesagt, es gibt unzählige Varianten.

Abb. 11b

Für die Entleerung Ihrer WC-Kassette ist in Abb. 12 der aufgeklappte Boden-einlass und der Wasserhahn auf der rechten (!) Seite der Wassersäule zuständig.

Entriegeln und entnehmen Sie Ihre Kassette aus dem Schacht Ihres Campers (Abb. 6) und setzen Sie sie auf den Boden. Beachten Sie dabei bitte, dass der Schieber am eigentlichen WC im Bad verschlossen ist, ansonsten lässt sich die Kassette nicht herausnehmen! In vielen Fällen verfügt Ihr Tank, je nach Größe, über kleine Rollen und einen herausziehbaren Handgriff, so dass Sie den Tank trotz des Gewichts bequem rollen können. Die WC-Kassette in meinem Bürstner fasst beispielsweise reichlich bemessene 20 Liter, so dass mitunter ordentlich Gewicht zu Buche schlägt. Drehen Sie den eingeklappten Schwanenhals (Abb. 6) nach vorne und schrauben Sie den Deckel ab (im Regelfall, gelb, grün oder orange – abhängig vom Fabrikat). Dann gießen Sie vorsichtig (!) und langsam (!) den ersten

Abb. 12

Inhalt der Kassette in den Ausguss. Ab einem bestimmten Zeitpunkt wird der Ausfluss stoppen, obwohl der Behälter weiterhin nahezu vollständig gefüllt ist. Das liegt zumeist daran, dass sich bis Entleerung noch nicht sämtliche „Fest-stoffe" zersetzt haben und sich von innen vor das Ausflussrohr setzen. Jetzt wird es spannend! Auf der Oberseite, an der dem Schwanenhals entgegenge-setzten Seite, befindet sich ein farbiger Knopf. Das ist der Belüftungsknopf! Halten Sie Ihre Kassette weiter geneigt und betätigen Sie vorsichtig (!) und mit wenig (!) Druck diesen Knopf. Die Überreste werden wieder abfließen. Je mehr Schwarzwasser aus der Tankkassette abgelaufen sind, desto stärker können Sie den Belüftungsknauf herunterdrücken, und zwar so lange, bis die Tankkassette leergelaufen ist. Der „Trick" besteht darin, den Anfangsdruck auf den Belüftungsknopf äußerst vorsichtig zu dosieren. Drücken Sie zu kräftig, gelangt im ersten Schritt zu viel Luft in die Kassette und das Ablaufen setzt sich mit einem breiten, heftigen Schwall fort. Der fällt mitunter derart intensiv aus, dass einem das Schwarzwasser auf Füße und Beine blubbert. Braucht man gar nicht. Und falls es Ihnen trotzdem widerfährt, dann nur ein einziges Mal!!

Zum Abschluss der Prozedur lassen Sie durch den Schwanenhals einige Male mit dem Schlauch etwas Frischwasser (ca. 1 Liter) in die Kassette einlaufen (rechte Seite der Wassersäule in Abb. 12). Schütteln und schwenken Sie sie ein wenig und entleeren Sie sie erneut. Diesen Vorgang wiederholen so lange, bis das Wasser aus der WC-Kassette klar ist.

Anschließend füllen Sie zirka zwei Liter sauberes Wasser ein und fügen dann die entsprechende Menge Sanitärflüssigkeit zu. Neben flüssigen Produkten in Kunststoffflaschen sind gleichermaßen Tabs im Handel erhältlich, die das Dosieren etwas vereinfachen und unkomplizierter zu handhaben sind. Danach schrauben Sie den Deckel wieder auf den Schwanenhals Ihrer Kassette und drehen ihn nach hinten. Fertig! Im letzten Schritt schieben Sie die WC-Kassette zurück in den Schacht Ihres Campers. Fertig!

Zum Abschluss dieses eher unappetitlichen Themas noch ein wichtiger Hinweis. Auch wenn es im anschließenden Arbeitsgang noch so verlockend ist: Nutzen Sie niemals solch ein kurzes Schlauchstück für einen anderen Zweck als die Entsorgung Ihres Schwarzwassers, insbesondere nicht für Ihr Frischwasser!

Frischwasser

An der Versorgungsstation ist jetzt der linke (!) Wasserhahn der Wassersäule an der Reihe (Abb. 12). Entriegeln Sie den Deckel an der Außenseite Ihres Frischwassertanks und öffnen Sie ihn mit einer Viertel Umdrehung. Kann manchmal etwas fummelig sein. Der Tankdeckel ist deshalb abgeschlossen, weil auf diese Weise verhindert wird, dass Ihnen von außen irgendjemand irgendetwas in Ihr Trinkwasser einfüllt – was auch immer!

Im nächsten Schritt schrauben Sie Ihre eigenen Anschlussstücke auf den linken Wasserhahn, schließen Ihren Wasserschlauch an und füllen Ihren Frischwassertank. Abschließend konservieren Sie Ihr Frischwasser – fertig! Achten Sie dabei unbedingt auf die korrekte Dosierung. Die Konservierung vollzieht sich entweder direkt über den Einfüllstutzen an der Außenseite, oder aber durch die Revisionsöffnung des Tanks im Innenraum. Diese Öffnung ist ein ca. 20 cm großer Schraubdeckel an der Oberseite, unterhalb eines der Polster.

Vergessen Sie zum Abschluss Ihrer „V+E" nicht, alle Tanks wieder ordnungsgemäß zu verschließen und gleichfalls sämtliche (!) Adapterstücke für den Frischwasserschlauch abzudrehen und einzupacken.

Mein Praxistipp

Falls Sie Ihren Frischwassertank, z.B. wegen des Gewichts, nicht komplett füllen wollen, leistet ein Wassermengenzähler aus dem Baumarkt gute Dienste. So behalten Sie Füllstand und Gewicht problemlos im Auge!

Wenn Sie Ihre WC-Kassette entsorgen, sind Gummihandschuhe ein ausgesprochen nützliches Ausrüstungsdetail – man weiß ja nie!

Legen Sie sich ein eigenes, kurzes Schlauchstück mit Anschlussstücken ausschließlich zum Nachspülen der WC-Kassette zu (Abb. 12). Bewahren Sie es unbedingt getrennt vom Frischwasserschlauch auf, um Verwechselungen zu vermeiden! Ein kurzer Schlauch ist praktischer als ein Wasserhahn. Außerdem können Sie mit diesem Schlauchstück im Notfall einen Frischwasserhahn zum Ausspülen Ihrer Tankkassette benutzen, ohne Ärger mit anderen Campern zu bekommen.

Hinsichtlich des Chemiezusatzes für die WC-Kassette sollten Sie ein wenig probieren. Es gibt „normale", zumeist blaue Zusätze, sei es flüssig oder als Tabs. Im Handel sind aber ebenso angeblich umweltschonendere, meist grüne Produkte erhältlich. Selbst wenn diese WC-Chemie das Label „grün" trägt, faktisch umweltverträglich sind beide Varianten nicht. Tipp: Dosieren Sie immer möglichst genau, damit die Kläranlagen nicht über Gebühr belastet werden. Experimentieren Sie auch deshalb, weil aus meiner Erfahrung die „grünen" Alternativen oftmals nicht ganz so effektiv ihren Dienst in der WC-Kassette verrichten. Die Entwicklung der Hersteller läuft aber immer weiter ... Bleiben Sie dran!

7 Ausstattung | Ausrüstung

Was Sie wirklich brauchen ...

Wohnmobilfahrer sind ständig auf der Suche nach Optimierungsmöglichkeiten. Denn hinsichtlich der Ausstattung und der Ausrüstung des (eigenen) fahrenden Weggefährten ist in letzter Konsequenz alles eine Frage des Gewichts (→ Schritt 2). Aber nicht nur ... Für mich dreht es sich in meinem Camper nicht primär darum, möglichst viele Utensilien aus der heimischen Wohnung und Küche ins Reisemobil zu verfrachten und meine Stauflächen bis ans Limit auszureizen. Um dann angeblich allen Komfort aus den eigenen vier Wänden ins Wohnmobil zu transferieren. Aus meiner Perspektive besteht der Reiz des mobilen Lebens eben gerade darin, mich unterwegs auf die aus meiner Sicht wesentlichen Dinge zu konzentrieren. Hört sich ja alles prima und einleuchtend an, so ein bisschen Reduktion, Genügsamkeit und Entschleunigung. Aber samma ... woher weiß ich als Einsteiger bitteschön, was ich de facto brauche? Ich bin ehrlich ... ich kann Ihnen diese Frage nicht abschließend beantworten! Keine To-Do- oder Checklisten, klappt nicht. Sie müssen es schlicht und einfach selbst herausfinden, indem Sie Ihre persönlichen Anforderungen definieren und dabei natürlich „Fehler" machen. Was ich gleichwohl an dieser Stelle zu leisten vermag, ist Ihnen ein paar Hinweise und Tipps zu geben. Logischerweise ziemlich subjektiv aus der Erfahrung meines eigenen Unterwegsseins heraus. Aber auch aufgrund vieler Fragen und Punkte, die ich diesbezüglich bereits mit Einsteigern ins mobile Leben diskutiert habe. Wie dem auch sei, die folgende kurze Aufstellung ist deshalb konsequenterweise weder vollständig, noch gibt es ein „Richtig" oder „Falsch". Ist auch gut so ...

Pantry

In Ihrer Pantry (Englisch für eine kleine Küche) benötigen Sie weniger Equipment, als Sie meinen. Logisch, Gläser, Tassen, Teller, Besteck, Schüsseln sollten vorhanden sein, aber denken Sie gleichfalls daran, dass Sie in einem Camper viel häufiger abspülen als dies zu Hause der Fall ist. An Bord gibt es schließlich keine Spülmaschine oder üppig dimensionierte Ablageflächen. Und logischerweise bringt jedes zusätzliche Küchenutensil mehr Gewicht ins Wohnmobil, insbesondere, wenn Sie Ihr Gefährt mieten (→ Schritt 2).

Die beiden zentralen Sektionen der Pantry betreffen die Bereiche „Kühlen" und „Kochen". Es ist herrlich, am Ende eines Fahrtages auf der Treppe seines Campers ein kühles Bier zu genießen ... und so ein Kühlschrank gehört zur absoluten Grundausstattung eines Wohnmobils. Die Bedienungsleiste meines Absorberkühlschranks sehen Sie in Abb. 13.

Über den linken Drehknopf wählen Sie die Betriebsart, entweder 12 Volt, Landstrom oder Gas. Der rechte Knopf ist der Betriebsschalter mit dem Thermostat. In der Mitte erkennen Sie die Verriegelung, damit sich die Tür nicht versehentlich während der Fahrt öffnet. Mein Kühlschrank ist bereits ein etwas älteres Modell, modernere Geräte verfügen in aller Regel

Abb. 13

über eine automatische Auswahl der Energiequelle. Wenn Sie den Motor starten, springt der Kühlschrank selbsttätig auf 12 Volt, schalten Sie Ihr Fahrzeug ab, läuft er auf Gasbetrieb weiter und haben Sie schließlich Landstrom angeschlossen, wechselt die Betriebsart auf 230 Volt.

Hinsichtlich der Kühlschranksysteme unterscheidet man im wesentlichen zwischen sogenannten Kompressor- bzw. Absorberkühlschränken. Beide haben ihre Vor- und Nachteile. Kompressorgeräte, wie sie auch in der heimischen Küche zu finden sind, laufen auf 12 oder 230 Volt, wegen des Kompressors aber ausgesprochen sparsam. Diese Kühlschränke sind im Vergleich zu Absorberkühlschränken nach meiner Erfahrung in der letzten Zeit preiswerter geworden, weswegen sie in neuen Fahrzeugen gerne serienmäßig verbaut werden. Absorberkühlschränke haben dementsprechend einen Aufpreis. Wenn Sie keinen Landstrom angeschlossen haben, können Sie einen Kompressorkühlschrank zirka 3 Tage betreiben, abhängig von der Außentemperatur. Danach ist es erforderlich, die Batterie wieder aufzuladen (→ Schritt 3).

Ich persönlich ziehe einen Absorberkühlschrank vor, da er mir aufgrund des Gasbetriebs ein höheres Maß an Autarkie bietet. Solange Sie Gas in der Flasche haben, haben Sie gekühlte Lebensmittel. Der Gasverbrauch eines solchen Kühlschranks ist ausgesprochen gering, die beste Kühlleistung erbringt er ohnehin, wenn er auf Gas läuft. Den Mehrpreis nehme ich gerne in Kauf. Wenn Sie mit einer vierköpfigen Familie in den Sommermonaten auf Achse sind, reichen die beiden gefüllten 11-kg-Gasflaschen locker drei bis vier Wochen – mindestens. Inklusive Kochen und Warmwasser!

Faktencheck „Absorberkühlschrank"

⊕ Vorteile	Nachteile ⊖
leiser Betrieb mehr Autarkie	lageabhängig etwas teurer

Faktencheck „Kompressorkühlschrank"

⊕ Vorteile	Nachteile ⊖
hoher Stromverbrauch lageunempfindlich	lauter weniger Autarkie

Wenn Sie ein Reisemobil mieten, ist der Kühlschrank bereits eingebaut. Nicht zu ändern. Stehen Sie hingegen vor der Anschaffung eines (neuen) Campers, denken Sie unbedingt über einen Absorberkühlschrank nach.

Der andere zentrale Bereich der Pantry ist das Kochen. Die kleine Küche eines Wohnmobils verfügt in aller Regel über ein zweiflammiges Kochfeld. Der Gasherd meines Bürstners besitzt den Luxus einer dritten Flamme, die ich de facto äußerst selten benötige (Abb. 14). Ein solcher Herd funktioniert wie zu Hause.

Abb. 14

Man dreht einen der Drehknöpfe (unten rechts) auf die höchste Stellung, drückt den Knopf und entzündet das Gas mit einem Feuerzeug oder einem Streichholz. Wenn die Flamme brennt, lässt man sie einige Sekunden bei gedrücktem Knopf weiterbrennen. Danach lässt man ihn vorsichtig herausgleiten und kann anschließend die Hitze regulieren. Neuere Modelle verfügen häufig über eine fest eingebaute Piezozündung, die das Hantieren mit einem Feuerzeug überflüssig macht.

Es ist natürlich klasse, sich unabhängig von Wind und Wetter in einem Camper selbst zu versorgen, auch wenn die Wohnmobilküche erfahrungsgemäß ziemlich pastalastig ist. Einen Nachteil, den man nicht verschweigen darf, ist, dass sich Kochgerüche megaschnell im Innenraum verbreiten und die Lüftungsmöglichkeiten insgesamt doch vergleichsweise begrenzt sind, insbesondere bei miesem Wetter.

Ich habe mir nicht nur aus Gewichtsgründen (→ Schritt 2) einen gasbetriebenen kompakten Grill zugelegt, den ich zusätzlich mit einer Pfanne aus demselben System ergänzt habe. Gleichfalls ist es möglich, über der Flamme einen Topf zu erhitzen, z.B. für die Pasta. Auf diesem Grillgerät findet der überwiegende Teil meines Kochens statt, und zwar ohne störende Kochgerüche im Innenraum. Alles logischerweise an der frischen Luft. Falls es regnet, funktioniert das ganze ebenso ausgezeichnet unter der ausgefahrenen Markise. Dazu ein kühles Treppenbier. Das ist für mich *Einfach Reisen* ... (→ Schritt 8).

Essen & Trinken

Ich liebe es, wenn Vorratsschrank und Kühlschrank gleichermaßen gefüllt sind. Wie dem auch sei, Vorratsgläser, Konserven und Glasflaschen bringen konsequenterweise ordentlich Gewicht auf die Waage, das sich zumindest für die Fahrt reduzieren lässt. Ich finde, ausländische Supermärkte haben durchaus ihren Reiz und man schnuppert gleich ein wenig in die Kultur des Gastlandes hinein. Ist für mich immer wieder hochspannend ...

Bekleidung

Hinsichtlich der Bekleidung ist es im Grunde immer wieder dasselbe. Nach einer Tour lädt man eine beachtliche Anzahl an Kleidungsstücken ungetragen zurück in den heimischen Kleiderschrank. Manchmal nicht nur viele, sondern viel zu viele. Klar, man stellt sich auf sämtliche Wettersituationen ein, aber nicht auf alle! In meinen Schapps finden sich deshalb in erster Linie „Basics", die ich passend miteinander kombiniere, jeweils abhängig von Wind und Wetter, das mich erwartet. Ist man mehr als zwei Wochen auf Achse, besteht unterwegs irgendwo immer die Möglichkeit, die Schmutzwäsche zu waschen.

Schlafen

Wenn Sie mieten, haben Sie nur relativ eingeschränkt Einfluss auf den Schlafkomfort Ihres Campers. Aber genau wie zu Hause ist es im Wohnmobil ebenso wichtig, vernünftig zu schlafen. In gemieteten Wohnmobilen sind Matratzen bereits vorhanden und Sie können nichts mehr ändern. Da Mietmobile meist nicht sehr alt sind, ergeben sich jedoch selten Probleme. In Ihrem eigenen Gefährt haben Sie naturgemäß alles selbst in der Hand.

Worauf Sie in jedem Fall achten sollten, ist eine temperaturausgleichende Ausstattung der Bettdecken und Bezüge. Egal, ob Sie mieten oder kaufen. In einem

Camper wird es mitunter nachts mächtig kalt, vor allem in der Vor- und Nachsaison. Gleichzeitig kann es über Tag zu einer extremen Aufheizung des Innenraums kommen.

Internet & Co.

Das Internet ist auch auf Wohnmobiltouren nicht mehr wegzudenken. Wenn Sie beruflich mit Ihrem Camper auf Achse sind, schon gar nicht. Trotz alledem finde ich ein wenig „Digital Detox" auf meinen Roadtrips immer wieder erholsam. Unterwegs ist es heutzutage unproblematisch, online mit der Heimat Kontakt zu halten. Was hingegen in den meisten Fällen nicht klappt, ist das Streamen von Filmen oder Serien. Dafür sind die gegebenen Ressourcen für gewöhnlich zu knapp. Hier ein kurzer Überblick über einige Möglichkeiten:

1. Ihr Smartphone lässt sich mühelos als WiFi-Hotspot nutzen. Gegebenenfalls legen Sie sich einen Surfstick mit einer eigenen SIM-Karte zu.

2. Die komfortablere Variante eines Surfsticks ist ein kleiner mobiler LTE-Router, den im Grunde alle Mobilfunkanbieter im Programm haben.

3. Das WiFi auf einem Camping- oder Stellplatz funktioniert zwar grundsätzlich, ist aber mit vielen Unsicherheiten verbunden. Wo steht der Router? Wie groß ist der Platz? Wie häufig gibt es Ausfälle? Wie kräftig ist das Signal? und so weiter ... Nach meinen Erfahrungen leisten diese oft kostenpflichtigen Internetverbindungen zumeist nicht das, was Ihnen der Platzbesitzer verspricht.

4. Für den Fall, dass Sie unterwegs wirklich auf ein funktionstüchtiges Internet angewiesen sind, denken Sie über ein fest eingebautes System mit Außenantenne(n) und stationärem LTE-Router nach ...

Fernsehen ist auf einem Roadtrip gleichfalls möglich, zumeist jedoch nicht in einem gemieteten Reisemobil. Im Zubehörhandel gibt es 12-Volt-fähige Fernsehgeräte, die zusammen mit einer vollautomatischen Satellitenanlage Komfort wie zu Hause bieten. Die Satellitenschüssel sucht sich dabei nach dem Einschalten von selbst den voreingestellten Satelliten mitsamt allen Sendern und los geht's.

Ablagen & Co.

Optionen, in einem Camper Dinge griffbereit aufzubewahren, sind im Grunde immer Mangelware. Des weiteren ist es logischerweise ausgesprochen handy, das Smartphone an einem festen Platz greifbar zu haben (sorry, für das Wortspiel. Ging nicht anders!). In Ihrem eigenen Camper lohnt es sich deshalb in jedem Fall, Halterungen, Netze oder auch kleine Regale nachzurüsten. Die Auswahl in einschlägigen Campingshops ist riesig. Bisweilen rentiert sich ebenso ein Blick in den Bootszubehörhandel.

Werkzeug & Co.

Werkzeug gehört unbedingt an Bord! Der Umfang eines kleinen Werkzeugkoffers genügt. Schraubendreher mit Kreuz und Schlitz, gängige Zangen und Schraubenschlüssel, ein Gummihammer, Schere, Messer .... Nützlich ist bisweilen auch ein „Multitool", das es von verschiedenen Herstellern gibt. Denken Sie hier unbedingt an das Gewicht, mit dem Sie Ihren Camper belasten (→ Schritt 2). Heißt: Die Schlagbohrmaschine bleibt zu Hause!

Nützlich sind gleichsam zwei Unterlegkeile für die Räder und eine kleine Wasserwaage, da der Boden auf Stellplätzen (→ Schritt 9) häufig nicht hundertprozentig eben ist. Merkt man oft aber erst dann, wenn es abends ins Bett geht oder das Wasser im Waschbecken nicht einwandfrei abläuft.

Außenbereich

Die Zusatzausstattung, die für mich ein bedingungsloses Must-Have ist, ist eine Markise. Sie bietet nicht nur Sonnenschutz, sondern hält vor allem auch Regen ab. Trocken rein und raus ist absolut wichtig. Bei gemieteten Campern ist im Regelfall eine Markise montiert. Am eigenen Mobil sollten Sie unbedingt eine nachrüsten.

Nützlich ist aus meiner Erfahrung gleichfalls eine Außendusche, fest oder mobil. Hat Ihr Bad ein Fenster, sind Sie fein raus, denn Sie können in dem Fall den kombinierten Wasserhahn/Brauseschlauch (oft serienmäßig!) durch das geöffnete Fenster führen und draußen duschen. Wenn kein Fenster vorhanden ist, gibt es die Möglichkeit einer fest installierten Außendusche. Falls bauliche Änderung überhaupt nicht in Betracht kommen, so zum Beispiel bei einem Mietmobil, sind im Handel kleine, mobile Außenduschen erhältlich. Das sind in aller Regel schwarze, flexible Wasserbehälter aus Kunststoff mit ca. 10 Litern Inhalt, die Sie tagsüber in die Sonne legen. Abends können Sie dann warm duschen. Etwas problematisch ist einzig die hohe Positionierung des verhältnismäßig klobigen und schweren Wasserspeichers.

Zentral für das Leben draußen sind Stühle und Tisch, um sich vor Ihrem Camper aufzuhalten. Es versteht sich dabei von selbst, dass die massiven Holzstühle von der Terrasse zu Hause bleiben. Egal, wie bequem sie sind. Leihen bzw. mieten Sie sich welche! Wichtig ist, dass Sie einen ausgewogenen Kompromiss aus Komfort, Gewicht und Stabilität finden (→ Schritt 2).

Sicherheit

Das Touren mit dem Wohnmobil ist aus meiner Erfahrung eine sichere Angelegenheit, die Ihnen keine schlaflosen Nächte bereiten sollte. Klar, es passiert immer wieder etwas, aber eben nicht oft.

Abb. 15

Falls Sie Besitzer eines eigenen Fahrzeugs sind, lassen sich Fahrer- und Beifahrertür sowie die Tür des Aufbaus mit zusätzlichen Sperrriegeln versehen. Diese Zusatzriegel bieten logischerweise keinen hundertprozentigen Schutz, aber sie erschweren es potentiellen Einbrechern, in Ihren Camper zu gelangen (Abb. 15).

Worüber Sie unbedingt ein paar Gedanken verlieren sollten, sind mögliche Verstecke für Ersatzschlüssel rund um Ihr Fahrzeug, sei es für die Vordertüren des Basisfahrzeuges oder den Aufbau, sprich Tür und außenliegende Staufächer. Deponieren Sie kleinformatige Schlüssel in Ihrer Brieftasche, in die Fahrradtaschen oder sonst wo. Ihrer Kreativität sind keine Grenzen gesetzt. Für den Fall der Fälle!

Mein Lesetipp

Sie interessieren sich für die Themen Reduktion, Entschleunigung und Minimalismus? Das ganze auch noch rund um das einfache Leben in einem Camper? Schauen Sie mal hier ...

8 Reiseplanung | Unterwegs

Einfach Reisen macht glücklich ...

Mein Praxistipp

Mein Leben gestalte ich eher reduziert und entschleunigt. Keep it simple. In meinem Camper hat sich diese Einstellung zu *Einfach Reisen* entwickelt. Ich fahre einfach los und packe nur das ein, was ich brauche (→ Schritt 7). Viele Dinge ergeben sich unterwegs von selbst. Häufig lasse ich mich schlicht und ergreifend durch die Gegend treiben. Diese Art des Reisens beschert mir unzählige kleine, aber magische Momente und Erlebnisse. Für mich bedeuten sie pure Freiheit und Leichtigkeit. *Einfach Reisen* ist dabei absolut alltagstauglich, ohne dass ich irgendetwas vermisse! Das bedeutet trotz alledem nicht, dass ich meine Roadtrips überhaupt nicht plane. Zumeist habe ich ein Ziel im Kopf, eine grobe Richtung vor dem inneren Auge und eventuell Optionen für eine erste Zwischenübernachtung. Inspirieren lasse ich mich häufig von Büchern, Zeitschriften oder langgehegten Sehnsuchtszielen. Wenn der Regen gegen die Fensterscheiben prasselt, es draußen stürmt und schneit, packt mich garantiert das Reisefieber ...

Bei einer Tour mit dem Camper ist der Weg das Ziel. Selbst wenn Sie unter Umständen „nur" zwei oder drei Wochen Zeit haben, reisen Sie entspannt und ohne Hektik. Im Moment der Abfahrt sind Sie bereits im Urlaub und nicht auf der Flucht! Probieren Sie es aus ...

Das Fahren mit einem Wohnmobil unterscheidet sich nicht großartig von einem normalen PKW. Logisch, dass Sie sich zunächst an die auf den ersten Blick überwältigenden Dimensionen gewöhnen müssen. Setzen Sie sich mit Respekt, aber ohne Angst an das Steuer Ihres fahrenden Wegbegleiters! Wenn Sie einmal rollen, werden Sie feststellen, dass das Fahrgefühl gar nicht so beträchtlich von einem PKW abweicht. Gleichwohl, und das ist das etwas fiese an der Geschichte, gilt es natürlich einige nicht zu unterschätzende Unterschiede zu beachten. Bedenken Sie zunächst das abweichende Fahrverhalten in Kurven und beim Bremsen. Das Fahrzeug bringt in aller Regel 3,5 t auf die Waage, und die wollen erst einmal bewegt und wieder abgebremst werden (→ Schritt 2). Beim Abbiegen und beim Auffahren auf die Autobahn entwickeln Sie relativ schnell ein Gespür für die erforderlichen Abstände und Lücken. Und letztlich spielt natürlich auch die Gewichtsverteilung bei der Beladung Ihres Campers eine nicht zu unterschätzende Rolle (→ Schritt 2).

In einem Wohnmobil sind Sie mit einer anderen Reisegeschwindigkeit unterwegs als mit Ihrem PKW. Das hat erheblichen Einfluss auf die Länge Ihrer Tagesetappen, die logischerweise deutlich kürzer ausfallen. Wenn ich verhältnismäßig entspannt am Steuer sitzen will, plane ich für eine Etappe (mit einer Mischung aus Autobahn, Stadt und Landstraße) zirka 300 bis 350 km ein. Das ist eine ganz andere Dimension als mit einem PKW! Für diese Strecke bin ich fast den kompletten Tag unterwegs, inkl. Pausen und einer Abfahrtszeit, die am Morgen und nicht mitten in der Nacht liegt. Die Ankunftszeit ist dann gleichfalls so akzeptabel, dass man nach der Ankunft körperlich und geistig in der Lage ist, um noch in Ruhe das Essen zu kochen oder zu grillen. Klar, ab und an ist es erforderlich, für eine Teilstrecke einmal ordentlich „Kilometer zu machen". Na denn ... Wecker stellen, einen kurzen Kaffee und los! Wie auch immer, bei 600 bis 650 km ist dann aber definitiv Schluss. Logisch ist ebenfalls, dass man so eine Aktion nicht drei Tage nacheinander durchzieht. Wenn Sie sich diese Größenordnungen vor Auge halten, liegt es auf der Hand, dass Sie auf Ihrem zweiwöchigen Roadtrip nicht von Hamburg nach Alicante in Südspanien und retour fahren. Zumindest nicht dann, wenn Sie vor Ort noch planen, einen Strandtag einzulegen. Ein solch haarsträubendes Timing erlebe ich leider immer wieder!

Packen Sie auch unbedingt einen Satz Papierkarten für Ihre Fahrtstrecke ein und verlassen sich nicht blind auf Ihre elektronischen Begleiter. Es kann jederzeit etwas passieren: ein Defekt, kein Strom, kein Empfang. Noch ein kleiner Tipp: Erwägen Sie den Kauf eines mobilen Navigationsgerätes, schauen Sie sich spezielle Geräte für Campingfahrzeuge an. Sie haben den Vorteil, dass ihr Display etwas größer ist, Sie die genauen Fahrzeugmaße eingeben können (zum Beispiel für Durchfahrtshöhen von Brücken, Straßenbreiten etc.) und bei Bedarf im Stande sind, nach exakten GPS–Koordinaten zu navigieren.

Mein Praxistipp

Ist Ihr Reiseziel weiter entfernt, werden Sie Ihre Tour in Etappen unterteilen. Wie Sie die einzelnen Teilstrecken aufschlüsseln, hängt logischerweise von Ihren persönlichen Gegebenheiten ab (Straßen, Mitreisende etc.). Eine empfehlenswerte Strategie ist, vor allem wenn Sie mit Kindern unterwegs sind, den ein oder anderen Streckenabschnitt an Zwischenziele zu knüpfen, z.B. an „Sehenswürdigkeiten" im weitesten Sinne. So haben große und kleine Mitreisende immer ein Ziel vor Augen, auf das sie sich während der Fahrt freuen und vorbereiten können. Spontane Abweichung von der geplanten Reiseroute passen unter Umständen genauso.

Dessen ungeachtet sollten Sie vorab die Länge Ihrer Tagesetappen planen bzw. grob überschlagen (s.o.). Auf dieser Grundlage suchen Sie sich am besten zwei bis drei Übernachtungsoptionen für einen Zwischenstopp aus. Welcher Halt es dann im Endergebnis wird, machen Sie von Ihrer Tagesform abhängig. Wenn Sie Mitglied in einem Automobilclub sind, erhalten Sie mit entsprechenden Tourenpaketen zuverlässige Auflistungen geeigneter Übernachtungsmöglichkeiten entlang Ihrer Fahrtstrecke (kostenlos!).

Mautsysteme auf europäischen Autobahnen sind eine Sache für sich. Leider setzen sie sich immer weiter durch. Auf der Grundlage, dass das Gesamtgewicht Ihres Campers höchstens 3,5 t beträgt (→ Schritt 2), gibt es im wesentlichen zwei verschiedene Systeme der Mautzahlung.

Erstens über eine Vignette, die Sie am besten vor Fahrtbeginn kaufen und gleichsam vor dem Grenzübertritt auf die Innenseite Ihrer Windschutzscheibe kleben, so z.B. für österreichische Autobahnen. Es lohnt sich in jedem Fall, eine solche Autobahnvignette vor der Fahrt in Deutschland zu erwerben. Beim Kauf auf Autobahnraststätten kurz vor der Grenze kommt zumeist ein ordentlicher Preiszuschlag obendrauf. Braucht man nicht. Darüber hinaus wird auf Transitstrecken über die Alpen, so z.B. durch Österreich, für spezielle Streckenabschnitte eine zusätzliche Sondermaut fällig, so etwa für die Passage über den Brenner oder durch einzelne Tunnel.

In vielen Ländern, so wie etwa in Frankreich, Italien oder Griechenland, werden Mautgebühren streckenabhängig erhoben. Die Begleichung erfolgt an Mautstationen. Am ersten Mauthäuschen ziehen Sie im Regelfall eine Mautkarte, ähnlich einer Karte in einem Parkhaus. Wenn Sie die Autobahn verlassen, sei es an einer Ausfahrt oder am Ende eines mautpflichtigen Autobahnabschnitts, zahlen Sie an einem Schalter anhand der Daten Ihres Mauttickets. Hier sollten Sie beachten, dass Sie unterschiedliche Zahlungsmöglichkeiten haben: Barzahlung oder Karte, jeweils an Mautgassen „mit Bedienung" bzw. an Automaten. Häufig gibt es separate Schranken für (Prepaid-)Mautkarten, über die Durchreisende zumeist nicht verfügen. Achten Sie beim (langsamen) Einfahren in die Mautstation auf die Beschilderung!

Alle Mautversionen, die ich bislang kennengelernt habe, klappten problemlos und stressfrei. Einen Überblick, in welchem Land welches System verwendet wird, erhalten Sie beispielsweise auf den Internetseiten von Automobilclubs. Falls Sie unter allen Umständen keine Maut zu zahlen bereit sind, können Sie natürlich auch ohne diese Abgabe unterwegs sein. Die Fahrtstrecke führt Sie dann über Nebenstrecken, sehr wohl ist die Fahrzeit um einiges länger.

Die Überfahrt mit einer Fähre reizt mich persönlich immer wieder – verpasst mir so einen extra „Kick". Darüber hinaus ist sie mit keinen größeren Schwierigkeiten verbunden. Aus meiner Sicht empfiehlt sich eine rechtzeitige Buchung der Tickets, die Preisschwankungen sind teilweise erheblich („Frühbucher" etc.). Die Terminals in den Fährhäfen sind zumeist deutlich ausgeschildert. Nach dem Einchecken erhalten Sie Ihre Boardingunterlagen für Fahrzeug und Passagiere. Die Einweisung und das Parken auf den Decks verlaufen professionell und Sie brauchen nicht befürchten, dass beispielsweise die Auffahrrampen in den Bauch der Fähre zu steil für Ihren Camper sind. Sie sollten allerdings immer ein wachsames Auge auf Überstände auf den Decks haben, insbesondere im Hinblick auf Ihren Alkoven! Wenn Sie Ihren Platz erreicht haben, legen Sie den Gang ein und ziehen Sie die Handbremse an. Nehmen Sie alles Nötige für die Überfahrt aus dem Wohnmobil. Während der Fährpassage werden die Decks verschlossen und erst kurz vor Ankunft wieder geöffnet.

Mein Lesetipp

Mehr Lust auf *Einfach Reisen*? ... Habe ich Ihre Neugier geweckt? Sie suchen Anregungen, Inspiration, nicht nur für lange Winterabende? Dann lege ich Ihnen Band 1 meiner *Einfach Reisen* – Reihe ans Herz: „Ihre Freiheit im Gepäck"!

9 Outdoorliving

Einfach leben ...

Die Zahl potentieller Ziele für einen ausgedehnten Roadtrip ist schier unerschöpflich. Von skandinavisch-kühl bis hin zu mediterran-heiß ist alles möglich. Sie haben die Wahl! Aber nicht nur die Frage nach dem „Wo" oder „Wohin" ist ausschlaggebend, sondern gleichermaßen das „Wie". Es versteht sich logischerweise von selbst, dass es bei dieser Antwort ebenfalls kein „Richtig" beziehungsweise „Falsch" gibt. Hier ein kurzer Überblick.

Ob Sie sich zunächst für einen Stell- oder Campingplatz entscheiden, oder ob Sie gerne freistehen, das alles hängt von Ihren persönlichen Bedürfnissen und Anforderungen ab. Ein Stellplatz (gewöhnlich mit „SP" abgekürzt) ist im Regelfall für einen kürzeren Aufenthalt ausgelegt und zudem häufig nur für Wohnmobile ausgewiesen. Die Varianten sind hier enorm unterschiedlich. Es gibt Stellplätze mitten in der Stadt, die eher einem riesigen Parkplatz gleichen, und solche auf der grünen Wiese inklusive Sanitäranlagen mit Wasser und Strom. Als Faustregel gilt, dass ein Stellplatz gegenüber einem Campingplatz über einen eingeschränkten Service verfügt. Personal ist häufig nicht zu finden, Ein- und Auschecken erledigt oftmals ein Automat. Das hat dessen ungeachtet den großen Vorteil, dass man zu jeder Tag- und Nachtzeit an- und abreisen kann, was insbesondere auf der Durchreise für eine Zwischenübernachtung ein Riesenvorteil ist (→ Schritt 8). Gleichfalls sind die Abmessungen des individuellen Stellplatzes durchweg reduzierter.

Ein Campingplatz („CP") eignet sich eher für einen längeren Aufenthalt. Hier treffen sämtliche Campingarten aufeinander, vom bescheidenen Zelt bis hin zum luxuriösen Vollintegrierten (→ Schritt 1). Strom, Sanitäranlagen, Ver- und Entsorgungsmöglichkeiten sind hier in aller Regel immer zu finden (→ Schritte 3, 4 und 6). Bevor Sie eine Parzelle zugewiesen bekommen, empfiehlt es sich, vorab eine Runde über den Platz zu drehen. So vermeiden Sie spätere Diskussionen und unnötiges Auf- und Abbauen. Falls Sie ohne Reservierung anreisen, ist es ratsam, zwischen 10 und 12 Uhr vormittags anzureisen. Die abreisenden Camper haben ihre Parzellen schon freigemacht und der große Ansturm geht zumeist ab dem Nachmittag vonstatten.

Das Freistehen mit einem Wohnmobil vollzieht sich in einer breiten Grauzone. Um es klar auf den Punkt zu bringen, es ist fast überall in Europa behördlicherseits verboten! Das bedeutet trotz alledem nicht, dass es nicht mit Einschränkungen möglich wäre. Offiziell wird das Parken (!) „zur Wiederherstellung der Fahrtüchtigkeit" gestattet, aber logischerweise nur auf Flächen, die für Wohnmobile zugelassen sind. Wanderparkplätze oder Parkflächen rund um Sportanlagen sind gute Beispiele dafür. Diese sind gleichsam nachts wenig besucht, so dass sich im Regelfall niemand gestört fühlt. Auf solchen Plätzen sind bei gegenseitiger Rücksichtnahme häufig ein oder zwei Übernachtungen möglich. Klar, dass Sie in einem derartigen Fall weder Ihre Campingstühle auspacken noch Ihre Markise ausfahren. Das wäre Camping – und das ist verboten.

Bei der Suche nach einem ansprechenden Stellplatz gibt es zahlreiche Hilfsmittel, angefangen von einschlägigen Apps bis hin zu analogen und digitalen Camping- und Stellplatzführern. Aufgrund der angegebenen Details sind Sie schon im Vorfeld in der Lage abzuchecken, ob der von Ihnen ausgesuchte Platz womöglich für Sie passt. „Geheimtipps" werden sich dort mit größter Wahrscheinlichkeit aber nicht auftun! Um solche Fleckchen zu entdecken, halten Sie unterwegs schlicht und einfach die Augen auf. Im Laufe der Zeit bekommen Sie eine gewisse Erfahrung und ein feines Gespür für verwunschene Plätze. Es finden sich fast überall kleinere Camping- und Stellplätze mit Charme, man muss nur ein bisschen Ausschau halten. Oftmals liegen diese Spots verwinkelt auf winzigen Bauernhöfen etwas im Hinterland. Einfach den Hinweisschildern am Straßenrand folgen und sich treiben lassen – es ist die kleine Mühe wert. Außerdem wendet es den Blick weg vom Navigationsgerät. Meistens sind solche Plätze nicht einmal in Stellplatzführern oder sonstigen Publikationen verzeichnet. Das ist für mich eine nicht zu unterschätzende Komponente meines *Einfach Reisen* (→ Schritt 8). Lohnt sich.

Habe ich einen Platz gefunden, lasse ich totale Zurückhaltung walten, letzten Endes bin ich Gast, egal wo und wann. Dieser Gedanke scheint vielen anderen

Wohnmobilfahrern durchaus fremd. Dafür habe ich nicht das geringste Verständnis. Null. Meinen Müll nehme ich mit, wenn ich keine Möglichkeit habe, ihn vor Ort vernünftig und angemessen zu entsorgen. Lässt man seinen Abfall liegen, kann man davon ausgehen, dass der Platz innerhalb kurzer Zeit gesperrt wird. Ist darüber hinaus schlicht unhöflich. Und vor allem ist es ein Zeichen der Missachtung gegenüber unserer Umwelt und der Natur. Und genau in die zieht es mich beim *Einfach Reisen*. Solche Sperrungen habe ich mehrfach erlebt, so dass mein mobiler Radius deutlich eingeschränkt wurde. Ärgerlich! Ebenso bleibt der Grill im Staufach, wenn ich das Gefühl habe, dass es vor Ort nicht passt. Gleiches gilt für Campingstühle und andere Ausrüstungsgegenstände. Gegen einen kurzzeitig genutzten Stuhl hat aber niemand etwas. Rückt die Nacht näher, räume ich den Platz rund um mein Reisemobil komplett auf und verpacke alles (!) wieder. Ich verlasse einen Stellplatz grundsätzlich so, wie ich ihn vorgefunden habe. Im Zweifelsfall sogar besser. Nature is not a place to visit, it's my home.

Mein Praxistipp

Mein wichtigster Sozius beim Freistehen (aber nicht nur!) ist mein Bauch. Wenn ich ein ungutes Gefühl in der Magengegend habe und ich nicht schnell von einem (freien) Stellplatz überzeugt bin, fahre ich weiter. Immer. Nützt nichts. Ich würde weder den Abend genießen und schon gar nicht die Nacht, geschweige denn zur Ruhe kommen. Wenn ich aber beispielsweise sehe, dass auch Einheimische einen freien Platz nutzen, dann ist das zumeist ein geeigneter Anhaltspunkt, an dem ich mich häufig orientiere. Außerdem habe ich die Erfahrung gemacht, dass man seltener verscheucht wird, wenn man „in Begleitung" von Einheimischen frei steht, speziell im Ausland. Nebeneffekt: Manchmal lernt man nette Leute kennen und bekommt Insidertipps für alles Mögliche. Ihr Bauchgefühl ist ein prima Reisebegleiter und lässt Sie in der Regel nicht im Stich.

10 Winterlager

Nach der Tour ist vor der Tour ...

Okay, Okay. Wenn Sie Ihr Wohnmobil „nur" gemietet haben, sind Sie fein raus. Ausräumen, Innenreinigung, Grauwassertank und WC–Kassette leeren ... Übergabeprotokoll abarbeiten und das war's im Prinzip schon. Um den Rest kümmert sich der Vermieter ...

Etwas anders sieht es aus, wenn Sie einen eigenen Camper besitzen. Sie wissen ja ... es gibt immer was zu tun. Bevor Sie Ihren fahrbaren Weggefährten in die verdiente Winterruhe schicken, sollten Sie einige Punkte beachten bzw. abarbeiten, vor allem dann, wenn Ihr Camper über Winter zeitweise frostigen Temperaturen ausgesetzt ist. So vermeiden Sie im nächsten Frühjahr unliebsame Überraschungen! An dieser Stelle daher ausnahmsweise eine kleine Checkliste zum Abhaken:

Checkliste „Winterlager"

→ Das Fahrzeug komplett von außen reinigen.

→ Falls Ihr Camper längere Zeit steht, nur den ersten Gang einlegen. Keine (!) Handbremse anziehen, damit sich die Bremsklötze nicht festsetzen.

→ Eventuell Bremskeile zur Sicherung unterschieben.

→ Den Reifendruck um 0,5 Bar erhöhen, um die Reifen zu entlasten.

→ Diesel- bzw. Benzintank volltanken, um die Bildung von Rost durch Kondenswasser zu verhindern.

→ Für ausreichende Lüftung sorgen. Falls möglich, Seitenfenster und Dachluken einen Spalt öffnen.

→ Die Kühlschranktür bleibt aus hygienischen Gründen ein Stückchen geöffnet. So halten Sie Schimmel und fiese Gerüche draußen.

→ Luftentfeuchter aufstellen. Der zieht zwar einerseits Feuchtigkeit an, bindet aber andererseits üble Gerüche im Innenraum. Hat sich bei mir bewährt!

→ Gummidichtungen geschmeidig halten.

→ Polster und Matratzen zum Lüften aufstellen.

→ Schränke zwecks Luftzirkulation öffnen. Vermeidet Kondenswasser und Schimmelbildung.

→ Reinigung des kompletten Frischwassersytems (Tank, Boiler, Pumpen und Leitungen!). Am Ende der Saison erfolgt eine ausführliche Entkeimung mit einem handelsüblichen Reinigungsmittel. Im Frühjahr wird das System vor Beginn der Sommersaison nochmals gründlich mit haushaltsüblicher, stark verdünnter Zitronensäurelösung durchgespült (ca. zwei Esslöffel auf 120 Liter). Erst dann wieder Frischwasser einfüllen!

→ WC-Tankkassette mit einem entsprechenden Mittel aus dem Handel reinigen. Die Kassette austrocknen und anschließend mit geöffnetem Schwanenhals und Schieber draußen stehen lassen (→ Schritt 4). Erst im Frühjahr wieder in den Schacht einschieben.

→ Vor einer längeren Standzeit im Winter ist es dringend angeraten, das komplette Wassersystem des Wohnmobils vollkommen zu trocknen (Tank, Boiler, Pumpen und Leitungen!)! Sämtliche Wasserhähne zur Durchlüftung öffnen!

→ Gasflaschen abdrehen und alle Gashähne absperren (→ Schritt 5, Abb. 8 und 9)

→ Den Camper nach Möglichkeit an Landstrom anschließen, um die Batterie geladen zu halten. Ansonsten Starter- und Bordbatterie vollständig laden, abklemmen und frostsicher lagern.

Einfach Reisen macht glücklich: Einfach losfahren und nur das mitnehmen, was man braucht. Die Magie der vielen kleinen Momente und Dinge um uns herum wartet auf Sie. Freiheit und Leichtigkeit pur, dabei zu 100% alltagstauglich! Die Roadtrips des Autors sind voller faszinierender Eindrücke, überraschender Begegnungen und fesselnder Momente. Sie sind das Herzstück von *Einfach Reisen*. Kleine Glücksmomente.

Dieses Buch veranschaulicht Ihnen einen bewährten und praxisorientierten Weg zum *Einfach Reisen*. Ein Überblick gängiger Reisemobiltypen, ein Glossar wichtiger Begriffe, eine Vielzahl persönlicher Anregungen für die Ausrüstung eines Wohnmobils und goldene Tipps für autarke und nachhaltige Roadtrips bringen *Einfach Reisen* auf den Punkt. Sie werden es lieben.

21,90 €

ISBN: 978-3-754302682

Thorsten Rottmann

Rüm Hart – Klaar Kiming

Das einfache Leben und ein altes Reisemobil

Ein Reisebuch

Raus aus dem Alltag, raus aus dem Überfluss, raus aus dem Zeitdruck, rein ins mobile Leben – das ist heute der Wunsch vieler Menschen. Dieses Buch richtet sich an alle, die sich für ein langsames und reduziertes Leben interessieren oder einfach nur gerne unterwegs sind. Thorsten Rottmann zeichnet in diesem Buch seinen persönlichen Weg nach, angereichert mit Betrachtungen rund um sein altes Reisemobil und das Leben darin ...

12,90 €

ISBN: 978-3-750431775

Sachregister